フィギュール彩 ⑪

Kiyozo, a woman of a million ryo
Ko-ichi Ono

百萬両の女 喜代三

小野公宇一

figure Sai

彩流社

中山信一郎氏に

目次

まえがき

花は霧島　煙草は国分
燃えて上がるは　オハラハー桜島　ハ　ヨイヨイヨイヤサ

鹿児島に住む者なら、いや、日本国中でもおそらく知らぬ者とてない「鹿児島おはら(小原良)節」の一番の歌詞である。毎年、鹿児島では十一月三日の文化の日になると《おはら祭り》が催されるが、この日は「特異日」といわれる一年を通しても晴天の多い日(ただし二〇一〇年前後の数年は天候不順な日が多かった)で、三日が近づくと街には、踊りの稽古があちこちでなされているせいだろう、爽やかな秋空にこの唄が流れてくる。高く明朗に、女性、あるいは男性が唄ううた声が心に残る。

この「おはら節」は江戸時代以前から鹿児島にある民謡だが、この唄を国内で初めてレコード発売し、全国区にしてくれた(東京でも毎年五月ごろ《渋谷・鹿児島おはら祭》が催される)うたい手のことを、熱狂的映画ファンになるまで知らなかった。若くして戦病死した天才的シネアスト、山中貞雄監督の傑作『丹下左膳餘話　百萬兩の壷』を見るまで知ろうとも思わなかった。そしてそのうたい手が、あの篤姫さまや五代(友厚)さまも顔色を失くすほどの波乱に富んだ人生をおくったひとだとは夢にも思わなかったのである。

その女性《ひと》の名を、喜代三《きよぞう》という。

[1]『丹下左膳餘話　百萬兩の壷』に魅せられて

もし漫画『ドラえもん』みたいに、机の引き出しにタイムマシンがあったら? 小さいころ友達とこんな夢想にふけったことがある。そのころは望みがいっぱいありすぎて一つに絞れなかったのだが、今ではどこに行きたいかはっきり言える。

太平洋戦争前、戦争中の日本に行ってきたい。

だが戦争に巻き込まれてくたばったら元も子もないので、スグに行って帰ってこられるという条件で、である。目的は、失われた日本映画、わけても山中貞雄の映画のフィルムを根こそぎかき集めてくることだ。

二十八歳であまりにも若くして病没した山中貞雄の監督作品は、全二十六作品。だが、その大半が戦火で焼失したとされる。『磯の源太　抱寝の長脇差』(一九三二年のデビュー作、「キネマ旬報」同年度日本映画ベストテン第八位)、『盤嶽の一生』(一九三三年、ベストテン第七位)、『鼠小僧次郎吉（前・中・後）』（一九三三年、ベストテン第八位）、『風流活人剣』（一九三四年、ベストテン第五位）、『雁太郎街道』（一九三四年、ベストテン第十位）、『國定忠次』（一九三五年、ベストテン第五位）、『街の入墨者』（一九三五年、ベストテン第二位）、『怪盗白頭巾（前・後）』（一九三五年～一九三六年）等々（うち『磯の源太　抱寝の長脇差』と『怪盗白頭巾』はほんの断片のみ存在）。

これらのフィルムを抱きかかえてきたい（同様のことは映画評論家の森卓也氏も言っておられたような気がするが）。

今、ほぼ完全な形で残っているのは『丹下左膳餘話　百萬兩の壷』（一九三五年）、『河内山宗俊』（一九三六年）、遺作となった『人情紙風船』（一九三七年、ベストテン第七位）のわずか三本のみだ。

そしてこの三本は、どれも傑作だ。

『河内山宗俊』は、実在したとされるが脚色された講談話で有名な茶坊主が主人公。不正を糾すのに相手を恐喝したりする善悪兩面の顔を持つ人物だが、映画はさらに脚色されて人間味溢れるキャラクターとなっている。映画はテキ屋の親分の用心棒、金子市之丞（中村翫右衛門）が香具師からみかじめを取って回り、情婦の居酒屋でヒモ暮らしをしている河内山宗俊（河原崎長十郎）が露天の将棋屋でいかさま師相手にいかさまで返そうとする序盤からテンポは快調だ。

二人はそれぞれがお浪（デビューしたばかりの、当時十五歳の原節子）という若い女性と知り合うが、お浪の弟（市川扇升）がとんだやんちゃな青年で、侍の北村大膳（清川宗司）の小柄をこそ泥しせりに出してしまう。盗られた北村の慌てぶりがおかしいが、小柄は巡り巡って戻ってくるのだが、大膳は自分の鑑定眼を自慢しているのに小柄をニセ物と思い込むところはいっそうだ。また宗俊と市之丞が喧嘩の最中、刀でお浪が怪我をすると、二人は喧嘩を放り出して薬をと騒ぐところもいい。映画の本筋としては宗俊と市之丞が、お浪が弟のしでかした不始末の三百両のかたに身売りされる危機にあることを知り、火中に飛び込んでいくことになる。そのクライマックスの下水道の格闘シーンは凄惨で凄まじいが、人情ドラマとしてまことに愛すべき作品だ。

『人情紙風船』は、貧乏長屋に住む人々の日常をシリアスに描いた映画である。歌舞伎の「髪結新三」をもとにしていて、江戸の棟割り長屋で紙風船の内職をして暮らす浪人の海野又十郎(河原崎長十郎)と、髪結新三(中村翫右衛門)が中心人物だ。

土砂降りの雨の日に、又十郎は仕官のため頼りにしていた毛利三左衛門(橘小三郎)と会うが、毛利から冷たい仕打ちを受け、雨の中に立ちつくす。いっぽうの新三は、あたりの顔役の源七(市川笑太郎)ににらまれていて、源七とつき合っている質屋・白子屋の娘を意趣返しに誘拐し、又十郎の家に預ける。事情を知った長屋の大家のはからいで一件は落着するが、又十郎の妻おたき(山岸しづ江)は身を恥じて夫と無理心中する。

朝、長屋の人びとがそれを知り騒ぎとなる。そこへ内職の風船が小路を転がってどぶに落ち、流れていく。この世の人情は紙風船か。山中貞雄の従軍日記には、この作品が「遺作ではチトサビシイ」とあるが、映画に関しては、ちとどころか、相当寂しい終わり方だ。けれども、かくも深く心に残る作品はほかにない。

戦争は罪深い。山中貞雄監督の焼失した作品群は、どんなに凄い映画であったことか。『河内山宗俊』『人情紙風船』を見ると、そのように考えさせられる。ましてや『丹下左膳餘話　百萬兩の壷』においてをや、である。

『丹下左膳餘話　百萬兩の壷』は「餘話」というのがミソの作品。隻眼隻手の剣豪、丹下左膳は林不忘の生み出した人物で、当初は『新版大岡政談』に登場するサブキャラクターだったが、スピンオフ的に主人公となった。映画化(一九二八年)も人気を博し、とくに大河内傳次郎の扮する丹下左膳はサイレント映画のころはもちろん、トーキーになってからは「シェイは丹下、名はシャジェン」というような独特の台詞回しで大当りとなった。

そして伊藤大輔監督とのコンビにより日活で『丹下左膳　第一篇』(一九三三年)、『丹下左膳　剣戟篇』(一九三四年)がつくられたが、伊藤監督が日活を辞めたため製作予定だった『完結篇』の企画が宙に浮き、変わりに山中貞雄監督に白羽の矢が立てられて、完成したのが『丹下左膳餘話　百萬兩の壷』である。しかし伊藤監督版の左膳がニヒルなヒーローだったのに対し、山中監督版はどこまでもお人よしな人物で、まったくの喜劇タッチ。このため林不忘サイドから抗議の声が上がったといわれる。そのため「餘話」とタイトルにつけたのは、前二作とはトーンの違う番外編ですよ、というニュアンスをこめてのことだったのだろう。

百萬両を埋めた絵図面が塗りこめられた「こけ猿の壷」……。これをめぐって映画は繰り広げられるが、その三間はみ出したような面白さには呆れるばかりだ。

伊賀柳生の城主・対馬守は壷の秘密を知らされ驚くが、すでに弟の源三郎(澤村國太郎)の司馬道場への婿入りの引出物として与えてしまっていた。そこで壷の返還を申し出るが、源三郎は婿入りにこんな壷しかくれなかったケチンボな兄にヘソを曲げ、屑屋に売り払ってしまう。

壷はさらに屑屋から、長屋の七兵衛の子・ちょび安(宗春太郎)が金魚鉢がわりに貰いうけていた。そして父親の七兵衛は矢場での揉め事がもとで殺されるのだが、その矢場のおかみのヒモ暮らしをしているのが丹下左膳である。

左膳はおかみに頭が上がらない。七兵衛を矢場から「送ってあげて下さいね」とおかみに言われると、左膳「わしがか」、おかみ「ええ、あんた送ってあげるでしょう」、すると「わしは行かん」、「イヤだい。イヤだい。金輪際おれは送っちゃいかんぞ」

するとすぐその次のカットでは、左膳は七兵衛を送って行っている。

また気は強いが人の好いおかみはおかみで、左膳から、みなし子になったちょび安を「連れて帰って何か食わしてやろうよ」といわれるが、「誰があんな子供にご飯なんか食わせてやるもんか」

次のカットでは、子供はご飯を食べさせてもらっている。このテンポのよさ、「省略法」のうまさ。

また左膳がわけ有りで道場破りをするが、道場主は剣の腕が実はさほどでない源三郎で、対戦中、源三郎は左膳に「負けてくれ頼むゾ」、すると左膳「いくら出すか」、源三郎「いくら欲しいんだ」、左膳が六十両と答えるや、源三郎「それは高いぞ」、するとまた左膳「ビタ一文まからんゾ」、このやり取りの抱腹絶倒のおかしさ。こんな面白い日本映画は見たことない。

　私事になるが、東京オリンピックの一年前に生まれた筆者は、映像の最初の記憶はテレビアニメ『鉄腕アトム』あたり。映画は同じくテレビで見たチャップリンの『黄金狂時代』で、崖で揺れる山小屋のシーンを覚えている。映画館には小学低学年のころ《東宝チャンピオン祭り》の『ゴジラ』シリーズや、《東映まんが祭り》のアニメ作品をお目当てに行き始めたが、その後『タワーリング・インフェルノ』やスティーヴン・スピルバーグ監督の『ＪＡＷＳ　ジョーズ』を見て、スケールの大きいアメリカ映画のとりことなった。だからそのころ（一九七〇年代中葉）の日本映画など、暗い・汚い・貧乏臭いと負の三拍子が揃ったものとしか思えず興味を持てなかった。

　しかしある日、黒澤明監督の『椿三十郎』をテレビの深夜放送で見て、昔の日本映画の面白さ、素晴らしさに目覚めた。つづいて溝口健二監督の『西鶴一代女』、小津安二郎監督の『東京物語』を見て感服し、レンタルビデオ店で往年の日本映画を漁り始めた。

　そうするうち、いつしか天才監督・山中貞雄の名を耳にすることになる。だが山中作品はどこのレンタル店にも置いてなく、見たい見たいと思う日が続いたが、映画ファンの繋がりで、鹿児島在住の映画・ジャズ評論家の中山信一郎氏と幸いにも知己を得た。そして氏から、氏が作家の色川武大氏から贈られた『丹下左膳餘話　百萬兩の壺』の貴重なビデオをお借りして観賞することができた。そのときの嬉しさはたとえようがない。黒澤監督もすごいが、太平洋戦争のずっと前に、日本にこんなすごい映画監督がいたとは。そして映画があったとは。

その後も機会あるたびに『丹下左膳餘話　百萬兩の壷』を見直してきたが、見るたびにひきつけられる。キャストもいい。大河内の左膳はもちろんだが、矢場のおかみ・お藤に扮する女性がいい。大スターの大河内にひけを取らぬ存在感を持ったこの女性、色白でふくよかな美人で、姉御肌で勝気だが人を優しさで包み込むようなお藤役の女性に興味を持った。しかもこの女性は、唄を唄うのだ。大河内左膳に「俺はこいつが唄い出すと熱が出るんだ」と言われ、三味線を爪弾き出すと左膳に招き猫をうしろ向きにひっくり返すことまでされるお藤役の女性、しかし、

浮き世　さらさら　風車

そのうた声は滋味があって、どこか懐かしささえ感じさせる。この女性は誰なのか?

冒頭につけられた配役表に戻って探っていくうち、お藤役のこの女性こそ、鹿児島出身で芸者から歌手としてスターダムにのし上がった、源氏名をそのまま芸名にした喜代三であることがわかった。喜代三こそ、「鹿児島おはら節」の初レコード化でこの唄を人口に膾炙した、鹿児島にとって、いや日本にとって天井知らずの値打ちの、まさに《百萬両(現在の一千億円)の女》であった。

[2]お子さま芸者

喜代三は、大陸進出をめざす日本が強引な南下政策をとるロシアと緊張がいよいよ高まってきた日露戦争の前年、映画の世界ではエドウィン・S・ポーターがストーリー性のある映画第一号の『大列車強盗』を製作し、ニッケルオデオンといわれる常設館が登場、国内でも初の常設館「電気館」が浅草にできた一九〇三(明治三十六)年の十月十二日、鹿児島県種子島西之表(現・西之表市、一九五八年に市制施行)に今村正義、チカ夫妻の長女・タネとして生まれた。

タネは九人兄妹(男四人、女五人)の長女である。九人というと少子化が問題となっている現代ではびっくりする人数だが、筆者の昭和一桁生まれの父母も、同じぐらいの数の兄弟がいる。当時のこととて、さして驚くには当らないのかもしれない。

また、タネは長女で、第一子である。このことは喜代三の人生において、その後にたいへん重要な意味を持ってくる。

生まれたのは押入れの中だったそうである。十月十二日のその日が出産予定日だったがチカは陣痛がなく、産婆が帰りかけて外の厠に入っていたところに産気づいた。チカはとっさに押入れの中の物を外へ出して即席の産室にして一人で生んだ。産婆は「おぎゃア」という泣き声を聞き、慌てて家の中に駆け戻った。そうして赤ん坊を笑顔でとり上げ、産湯をつかい、チカに、「コイサーヨカオゴジョゴワンド」(鹿児島弁・訳〈以下、随時訳文挿入〉この子はよいお嬢さんでございますよ)「イマチットバッカイ、ビンタガ、ナゴゴワンドン、イッキ、ヨカフニナンデ、シンパイオシャンデ、ヨスゴワンド」(いま少しばかり頭が長いですが、すぐにいい具合になりますから、心配しなくてよろしいですよ)と言ったそうである。『丹下左膳餘話　百萬兩の壷』の、どちらかといえば丸顔の美形の喜代三からは想像もつかないが、出生時は横に寝かせると頭が「まるで玉子のよう」(『多情菩薩　喜代三自叙伝』での記述のまま)に長かったらしい。チカは本気で心配し、近所の人がお祝いの挨拶に見えるたび、頭に急いで被せものをした。

ところで、ここで喜代三の肉親についていっておけば、父・正義は畳職人だったが士族の出で、祖父は島津家の財務を担当していたという。その祖父は酒と女色に溺れ、藩主の不興を買い、奄美大島に流された。だが今度は奄美で女をつくるほどのプレイボーイだったらしい。正義は村田姓であったが、鹿児島市の「いづろ(石燈籠)通り」の商家の酒匂藤太郎の三女で、料亭を経営の今村家に貰われたチカと結婚、養子に入り今村姓となった。正義は再婚で、先妻との間には三人の子があった。しかし祖父と同様に異性交遊が激しかったことから、先妻は子を引き連れ離婚した。独り身となった美男タイプの正義と出逢った若き日のチカが惚れるのにたいして時間はかからなかった。

チカの母方の実母トヨにしてからが再婚で、先夫の死後、種子島の西之表で汽船問屋をやっていた浜田家へ再婚した。正義夫婦のことに戻ると、正義の女性問題はチカとの結婚後も次つぎと起こってやまず、チカは正義と離婚するつもりになった。そうして妊婦となってから、トヨを頼って種子島に渡ってきた。だが正義も後を追い、そこで一緒に生活するようになった。チカが県本土に親族は多いのにもかかわらず種子島にやってきて、その地でタネが生まれたのはそうした事情による。またタネという名は、その種子島から記念に名づけられたものらしい。ともあれタネが無事生まれた後は、そう間をおかず夫婦で県本土に引きあげ、鹿児島市内で暮らすようになった。

しかし父・正義の女性問題は、その後も今村家を揺るがすことになる。正義のもてぶりは相当なもので、「瓜の蔓に茄子はならぬ」という諺をここで持ち出すのは場違いかもしれないが、喜代三が芸者としてはご法度なのに男性客にしんから惚れてしまうのは、父・正義の家系のそうした血の繋がりで抗いようがなかったことなのかもしれない。今村正義の長女として生まれたことで、すでにタネのその後の人生は決定づけられたのだ。

けれども再びタネの幼少時の話に戻って、一九〇六(明治三十九)年頃、タネは鹿児島市内で暮らしていたが、このころは一歳違いの長男・正時、三歳違いの次女・むら子が生まれており、兄妹は三人になっていた。　住んでいたのは沖之村の付近である。辺鄙な田舎びた場所のような地名だが、どっこい市の中心部にある。

この地名は、筆者もほんの少し聞き覚えがあるが、今の甲突町あたりである。遊郭のあった場所である。一八九九(明治三十二)年、塩屋村字沖田(現・甲突町)に設置された沖之村遊郭がそれで、ここは当時とても賑わっていたようだ。今は閑静な住宅街となっているが、あたりに流れている清滝川にかかる〈思案橋〉という橋の名が往時をしのぶ足がかりとなっている。近所で一杯飲んだ客が、橋を渡って廓へ遊びに行こうか、それともこのまま帰ろうか思い案じる橋が「思案橋」だという。

そして同じ名の橋は、江戸の吉原を筆頭に、全国各地の遊里の入り口にあったのである。

この付近に住んでいたはじめのころ、タネたち姉弟は、両親と一つ屋根の下に住んではいなかった。辺りにあった両親の知り合いの車夫の家に預けられていた。父・正義は腕のいい畳職人であったが事業欲の強い人で、台湾へ出稼ぎに行ったのである。それはよかったのだが、送金を約束して出たのに一銭も送らず、チカは心細くなり今村家本家に頼ることになる。だがあてにするのも程度問題で、間もなくチカはタネたちを車夫に預け、自分は「柳屋」という娼館へ仲居として働きに出ることになった。

車夫の家では当初は豆腐屋も商っていて、始終かぐわしい匂いが漂っていたらしい。ここでタネたちはたいそう可愛がられ、子供たちの面倒を見るために車夫一家は豆腐屋のほうは廃業したほどだった。子供たちのうちとくに正時は養子にすら乞われた。チカは「貴方の方はまたいくらでも生れるでしょうから、是非、私にさずけてください」と車夫から懇願され、また久しぶりにわが子との再会を果たしても正時は実母には馴染まず、チカも真底困ったという。

ともあれ車夫の家では、綺麗な女性がおもちゃなどを持ってきてはタネの頭を撫で、笑顔で喋りながら帰っていくことがあった。車夫の家を出てからほどなく、次女・むら子が生まれたが、そのあと移り住んだのは「大部屋が、幾間もあり、三味線太鼓で、毎日賑やか」な大きい家だった。「ねえやや、兄ちゃん達が大勢ふえ、いままで見たこともないおいしい料理を食べさせられた」とのことで、料亭であったようである。

遊郭の界隈なので昼は遊女たちが食事に寄ってタネを可愛がり、タネは彼女たちから簪を貰うなどしていた。また遊女たちの部屋へ遊びに誘われることもあった。そして鏡台の前に座らされ、お白粉をつけて貰ったりした。髪を髷にされて簪をのせられ、うちかけをかけられることもあった。そんなタネの姿を遊女たちは「可愛いい」と囃したてた。タネは鏡を見て自分でもうっとりしたが、頭が重たく身動きできないのに不快がることもあった。すると遊女たちはすぐに身軽にしてくれた。そうしたことが「やみつきとなり」綺麗なお化粧をして着物を着て、おいしいものを食べられる花柳界への幼児ながらの憧れを、タネはその時分から抱きだしていた。

そうした日々をおくっているうち、父・正義がようやく台湾から帰ってきた。チカはだいぶ憔み事を言ったらしいが、それに対し正義は「マラリアに罹りどうにもならなかった」と言い訳した。「嘘か誠か女のマラリアにかかったのか」などと自叙伝で喜代三は言っているが、何はともあれ正義の無事な顔を見てチカは嬉しがった。そうして他人の家に預けていた子供たちを連れ帰し、再び一家は一緒に住むことになった。

一九〇八(明治四十一)年には次男・正夫が生まれ、タネたち姉弟は四人となった。そうして幸徳秋水ら社会主義者や無政府主義者が多く捕らえられた大逆事件が起こり、日本が朝鮮の利権獲得のため韓国を保護国化して掌中に収めようと韓国を併合した一九一〇(明治四十三)年のころには、タネたちは沖之村の近くから郊外の唐湊(とそ)に引っ越した。

ここには温泉があり、橋が架かっていて、渡った山裾には旅館が数軒点在していた。正義もこの場所で旅館を開業することにしたのである。

タネたちは昼間には小川で魚を取ったり、木に登って蝉を取ったりした。夜は蛙の鳴き声が聞こえる場所だったらしいが、このあたりは現在、専ら住宅地となっているが、二十一世紀となった今でも温泉（銭湯）があるし、蛙の鳴き声が聞こえてもおかしくないような一角がないでもない。そのことを思うと、時をまたいで少し不思議な気がする。

ともあれ、この場所の、橋の向こうの旅館に、歳は十代半ばぐらいの美少年が湯治にきていた。子役の役者だったとおぼしいこの少年は虚弱体質で、そのために湯につかりにきていたようだが、子供のことでタネはすぐに少年と友達になった。「男の友達が多かった、その中でも私は大将かくだったが、今度は子役が大将になった」と自伝にはあり、気の勝ったタネがこのありさまということは、少年に淡い恋心を抱いていたのかもしれない。

そんなある日、両親の留守中に、タネの家でままごと遊びをしようと、少年を含め近所の友達を数人呼んだ。子役の少年は「ぼくはお芝居」と言い、ほかの子たちは「御飯をたくようなこと」と言った。だがタネは「遊郭ごっこ」と言ったらしい。「誰も知らないらしく」と自叙伝にあるが、当たり前に思われるだけにかえっておかしい。

友達からどんなことをするのか聞かれ、「あんたたちお客さんネ」「私が三味線ひくからなんでも唄いなさい」

そう言うと友達から三味線がないじゃないかと声が上がったので、タネは「まっててネ」と言って立ち上がり、箒を持って皆の前へ出た。子役の少年が「着物を長くしてやらなければ、芸者みたいじゃないヨ」とだめ出ししたので、母親の部屋にあったチカの着物を持ち出して友達に着つけてもらい、帯も締めた。「確か着物は長く引いたように思う」という自叙伝の記述にくすりとするが、ともかくそんな恰好でタネは、箒を三味線代わりにして新内を唄いだした。

チカが三味線を弾いて唄っていたのを見よう見まねで、新内でも「蘭蝶」は難曲ということで避け「香に迷う」を唄ったらしい。「何れまともなものでないのは明らかな事だ」と本人は回想するが、こんな遊びを小さなみぎりにやり始めたその「お子さま芸者」ぶりには驚かされる。

また、ある雨の日、タネはしょうことなしに猫と家の二階で遊んでいたが、そのうち人の泣くような声が聞こえてきた。何気なくガラス越しに座って見てみると、それは男女が乳繰りあう場面であった。男女はタネに気づかれたと思ったようだったが、子供だと思って何も言い訳はしなかった。「大人があんなに、子供のようにお乳を呑むものかと、羨しそうにガラスに顔をくっつけて見た」とのち喜代三のタネは述懐するが、さすがにそんな場面は「子供心にも、他人にいうことじゃないと思った」ようだ。幼いころのこうした考え一つにも、男女の機微がすでにわかった「お子さま芸者」のおませぶり、そのすごさを感じさせられはしないだろうか。

[3]夜逃げ屋家業

唐湊に住むようになってから、一九一〇(明治四十三)年、タネは尋常小学校に入学し、一年生になった。尋常小学校は、就学年齢は七歳からで、当時すでに六年制となっており、今の小学校と変わらない。

ところで、この小学校だが、「田圃の中を随分歩いて行ったところにあった」と自叙伝にはあるが、校名は記されていない。この章をしたためる段になってもどうしても調べがつかなかったが、それは、当時、唐湊や鴨池の周辺の就学児を広くカヴァーしていた「中郡尋常高等小学校」ではないかと推測される。今の「中郡小学校」である。喜代三こと当時今村タネの在籍の記録が見当たらないのが残念だが、この学校の出身者には、歌手の長渕剛、辛島美登里、俳優の沢村一樹(余談だが、この人が鹿児島の出身であることは忘れ切っていた)などがいて、そうそうたるものである。

ともあれこの小学校、「新しい学校だナ〜と思った(東京当りの校舎位に思える)」と自叙伝にあり、当時としてはよほどモダンな建築であったようである。

小学校に通っていたころ、先の子役の少年がある日、家に遊びにやってきた。それは両親も雇い人も不在の日で、その日、突然タネは少年に抱きしめられ、倒され馬乗りにされてしまった。「いつか二階で見たのと同じことをされたよう」で恐ろしくなったタネは大声で泣き叫んだところ、近所にいたらしいチカが帰宅して、もう男の子と遊ぶなと叱ったらしい。あとで正義も叱責したという。タネのほうは何も悪さはしていないのだから、男からの受難がこう幼少時からあって怒られるとは、何だかとても可哀相な気がする。

そんなこともあったが、学校生活は大いに楽しんでいた。科目は今でいう音楽、書道、家庭科(裁縫)、体育などがあり、このうち音楽と体育は好きで成績もよかった。

一九一一(明治四十四)年、小二のときの運動会では、徒競走で一着になった。木登りも得意で、猿みたいだといわれた。音感がよく、運動神経も発達した機敏な少女であった。

こうして快活に学校生活をおくっていたが、一九一二(明治四十五)年、小三のころ、タネは唐湊からさらに郊外の、谷山方面の慈眼寺へ引越しする。慈眼寺は桜の名所で、平成の今、春は花見客で賑わいを見せるが、正義がこの場所で料亭をすることにしたのである。武駅(現・鹿児島中央駅)から谷山まで鉄道が開通するのに目をつけたようで、やはり相当、先見の明のある人物ではあった。板前、仲居、酌婦は四、五人、芸者も二、三人……と、これまでの店の数倍はある大規模な店となったが、建物は借家で「岩の上に突き出した一寸恐しい建築」で、思うように繁盛はせず、一年ともたなかったそうである。

そして「谷山のはずれ(鴨池に近いところ)」にまた引っ越した。ここでも同じ商売を営んだが、規模はだいぶ縮小し、雇い人は女性一人で、正義が料理人をして接客も行い、多忙になると家族もかり出され、タネが酒瓶やや料理を運んだ。一家五人が、かつかつの暮らしぶりであった。

そうするうち、この年の七月二十九日の明治天皇崩御を迎えることになる。翌日三十日には新帝の御世となり、元号も大正に改められたが、明治大帝崩御のこの夏は、鹿児島でも全県民が服喪したように静まりかえっていた。

この谷山近辺に越した小二~小三のころ、タネは小学校も転校したが、そこでの本人の記憶はほとんどないとのこと。そもそも、登校すらしなかったようだ。

そして翌一九一三(大正二)年、さらにそこから西郷隆盛神社下に引っ越しをした。この神社名はよくわからないが、西郷南洲翁を祀った神社ということで、十中八九、「南洲神社」ではないかと推測される。西南戦争からそう時日を経ていないころ、地元の人びとから親しみを込めて西郷隆盛神社と呼ばれていたというのは、ありそうなことである。

ともかく南洲神社と推定すると、今度は市の北部の、大竜町のあたりに越したことになる。今の鹿児島市に組み込まれている地域で、甲突町(沖之村)付近→唐湊→慈眼寺→谷山(鴨池寄り)→大竜町近辺と、実に五カ所も引っ越しし、ほぼ市内を一周した恰好だ。この大竜町付近と思われる場所では、正義は新居で旅館をやろうとしていたようだが、「ここも花が咲かず」借金まみれとなり、同一九一三年の秋ごろ、ついに正義は家族連れで夜逃げを決意することになる。

はじめて汽車に乗り、タネは嬉しかったに違いない。一家の実情をよそに……。列車は今の日豊本線を宮崎方面に走って行った。そして翌朝、宮崎の小林町駅(現・小林駅)で下車した。

小林駅には、今なら鹿児島から各駅停車で途中、隼人で肥薩線に乗り換えて、そのまま吉都線に入って二時間半程度だ。夜逃げにしても鹿児島からそんなに離れていないと今では思ってしまうが、夜逃げで夜、鹿児島を出て、翌朝到着したというから最低でも五~六時間はかかっているはずである。やはりここは当時と今との運行速度の違い(当時の時速は平均三〇キロと推定)を考慮に入れておかねばならないだろう。

駅に着くとすぐに正義は貸し家探しに取りかかり、昼過ぎに空家を見つけてきた。しかしその家に着いてみてタネたちは驚いた。それは「空家というより山小屋といってよい。いやまだそれよりもひどい」ありさまだった。貧乏暮らし極まれり、である。

夜食の準備となるとタネは遠くまで水くみに行かなければならなかった。献立はご飯に鰯の干物、沢庵といったもので、ある意味「食後の始末にも手間が省けた」。用便をしたくてもトイレがなく、畑の中で用を済ませた。すると正義が急ごしらえの便所を作ってくれた。このときばかりは父の顔を少しばかり尊敬して見つめたようだ。

しかし夏には新しい家に移り、正義は畳職人をいやいやながらしていたが、そのうち小林駅前に新築の家が借りられて喜んだ。そしてこの場所で旅館をやろうとチカに持ちかけた。チカはまたかという感じで渋ったが、思い込んだら一意専心の正義をどうできるものではない。根負けし、いやおうなく旅館業の手伝いをすることになる。その旭屋旅館は師走には大看板を掲げて開業した。

小林は、宮崎線として鉄道が開通したのが一九一二(大正元)年でまだ日が浅く、正義はここに目をつけた。夜逃げの場所も計算しており、小林駅前ではなから旅館を営む腹づもりでいたようだ。この路線は一九三二(昭和七)年に都城―隼人間が全通するまで、こちらが日豊本線だったほどで、小林駅は鉄道の要所だった。そんな具合だから正義の目算は大当たりで、千客万来に近かった。

しかも、オーストリア皇太子がサラエボで暗殺されたことに端を発して第一次世界大戦が勃発した翌一九一四(大正三)年、その一月十二日の午前十時五分には、「大正大噴火」と呼ばれる桜島の大爆発が起こった。このときの爆発のすさまじさは、それまで錦江湾に浮かぶ島だった桜島が、大量の溶岩流で大隅半島と地続きになったことでも肯ける。犠牲者は鹿児島市と桜島で死者十五人が出たが、鹿児島市が十三人と多く、これは爆発の直接的なものよりも、発生した地震における火災などによるものが多かったためだった。マグニチュード七・一の地震は、二〇一六(平成二十八)年に熊本地震(マグニチュード七・三)が起こるまで、九州本土(の浅いところ)で起こったものでは最大のものであった。

そのような未曾有の大爆発であったから、翌十三日は、鹿児島市から離れた小林まで降灰があり、避難民が押し寄せ大騒動となった。旭屋旅館も宿泊客のほぼ全員が避難民という具合で、正義夫婦は自分たちに起こったことのように同情し、客に下へも置かぬもてなしをしたらしい。それは正義たちの情の深さによるのだろうが、夜逃げでこの地までやってくるほどの艱難辛苦を経てきた者ならではのシンパシーがあったのではとも思われる。

約一週間で事態はだいぶ沈静化し、避難民も引き揚げたとのことである。

[4]「カチューシャの唄」流行りし後に

一九一四年のこのころ、「カチューシャの唄」が世間では大流行し、タネもよく口ずさんでいた。この唄が、やがて自分と深い縁となるとは何も知らずに……。ともかくも正義たちの旅館業も何とか軌道に乗ってきた。映画界で「アメリカ映画の父」D・W・グリフィスが『イントレランス』を発表した翌年の一九一五(大正四)年、今村一家は多額の借金も返済し、預貯金もできるまでになった。

だが、正義にまたもや女性問題が発生した。相手は「オモイ」という女性で、この呼び名から察するに朝鮮がルーツの女性だったのだろう。この女性はたいそう美人だったらしくオモイ目当ての客で旭屋はおおいに繁盛した。

ところがオモイに妊娠問題が発生する。しかもこのころチカも妊娠中で出産間近だった。タネも子供心に気が気ではなかったが、家の中が落ち着かぬうちに三男・武男が誕生する。だが武男は二ヶ月もせぬうちに早世してしまった。

オモイのほうはいよいよ腹が大きくなり、正義とチカとの間では派手な夫婦喧嘩が繰り広げられた。タネら子供たちも気を揉む日々が続いたが、オモイの腹の子は正義でない他の男性の子と明らかになった。正義はその男と関係があり、旅館に雇ってくれるよう頼まれたので聞き入れてやったようだった。その男に捨てられたオモイを不憫に思う気持ちも働いたようで、ともかくチカもオモイの出産が無事に済むまでは何も口に出さないが、その後は別れてくれるよう夫と紳士協定、いや夫婦協定を結び、正義に約束させた。

だが正義のほうは、オモイに実質上は妾宅といえる家を別の場所にあてがい、足繁く通い出した。このため板前の仕事もいい加減になり料理の評判も落ちて、客足は再び減り始めた。のみならずオモイに女子が生まれると、正義はこの子を可愛がり、旅館の経営も彼女に委ねるところまで行った。

チカはなすすべなくオモイと立場が入れ替わり、チカのほうが妾宅へ引っこむことになった。

タネは母親を不憫に思い、いらぬ買い物をし、払いはすべて正義に回して「困らせてやった」こともあったらしい。周囲の同情はチカ一人に集まり、旅館はますます経営困難となった。結局廃業して、飲み屋や夏場は氷屋も営んだが長続きしなかった。

生計が立たなくなった一家は本妻、六人の子供たち、妾とその子供と九人が正義と一つ屋根の下で共同生活するはめになる。正義は大所帯の養いぶちのために、かって知ったる畳屋をやり始める。チカとオモイは家で蕎麦、うどん、麦饅頭など拵えて商い生活した。

このように家が大変なので、夜逃げで転校してきた小林の学校で、タネは不登校の日が増えていった。このため担任の教師が級長ら生徒代表を連れて家庭訪問にやって来て、タネは成績もいいので登校させるようチカに懇願する出来事もあった。

だが今村家ではタネが復学できる状態になく、正妻と妾との間に再び亀裂が走り、正義もまたオモイを別の場所で囲うことにした。正義が妾宅通いで帰宅せぬ日が続いた。

チカは離婚を覚悟したが、タネは母親に、「私が働くから大丈夫ヨ」と話した。すると気丈なチカも「お前一人が頼りだ」と泣き続けたという。そしてタネやチカたちは今よりもっと「小さな家というより物置き」の家に移った。ランプを点すのも倹約し、夜食も明るいうちにとり、献立は「薩摩芋に栗、お米はくっついている程度」だった。夜は早目に蒲団を敷いて母子六人で寝て、幾組かあった蒲団は一組だけ残し、売れるものは何でも金と替えた。着物も一張羅で、これぞ貧乏暮らしといった態のものだった。タネはこの窮状に自分で働き口を思案したが、芝居小屋の売り子をしてみようと思い立った。さっそく当ってみることにした。

[5] 芝居小屋にて

小林で「新富座」という芝居小屋をやっていたのは正岡藤吉という人物で、タネが事情を話すと、旭屋のお嬢さんならと即採用になった。ただし住み込みで働いて貰いたいということだった。

役者たちへの食事の仕度その他仕事の具体的な話も聞かされた。とにかく働ければいい。「なぁに天がさずけてくれた自分だ。父もいらない、これからは、母に孝行しようと」心に決め、通っていた尋常小学校も五年で中退して小屋にとび込んだ。時は一九一五(大正四)年、映画界ではアメリカで、D・W・グリフィスが『国民の創生』を製作し、セシル・B・デミルが日本人俳優・早川雪洲を一躍スターダムにのし上げた『チート』を発表した年であった。

そのころ小屋では佐渡原座という旧劇の公演があり、初日から三十数人分の飯炊きをすることになった。米を一斗ほどもといだが、これは小柄な十二歳の少女には重労働で、体中に痛みを感じ眩暈がするほどであった。仕事はきつかったが、夜には店で品物を売りながら芝居が見られるのが嬉しかった。このころから芝居好きで、舞台への憧れを募らせていたようだ。

タネの仕事は日ましに増え、米とぎのほか、寿司ネタの水洗いと捌き、ピーナッツを入れる袋貼りなどもした。袋ができ上がるとピーナッツを枡で量り、袋に入れた。これを毎日二百袋ほども作った。日が経つほどにスピードも上がり館主に褒められた。もっと褒められたいと思って何でも挑戦し、料理の腕も瞬く間に上達した。

働き始めて一カ月後に初任給四円が出た。これは同年の大卒の初任給が三十五円で、現在の二十万円にあたるから、八分の一以下で約二万三千円ということになる。だいぶ薄給だが、それでも初月給なので嬉しかったに違いない。ともあれタネは旭屋の娘ということで同情も集まり、売り上げも増えた。役者たちもタネを可愛がり、昼の閑散時には舞台を見せてくれたりした。新富座でたびたび公演した佐渡原座は稽古の最中、タネを舞台に上げてくれ、歌を歌ったところ褒められた。タネの舞台への熱はいよいよ病膏肓となった。

この新富座でタネはよく働き、給料も五円(現在の約二万九千円)から五円五十銭に昇給した。一心に仕事に精を出すタネだったが、ある日、館主の妻が実家へ里帰りしているあいだに、四十なかばで精力のある館主が夜這いをしてきたことがあった。タネは瞬時に起き上がったが、館主はたいしたことなさげに誤魔化した。タネの頬には涙がつたった。声を殺して泣いた。幼時に経験した男からの受難が今また現実となったが、大声で泣くと大人が恥をかくだろうという分別さえできてのことだった。事のあと、館主は何食わぬ顔で引きあげて行った。タネは恐怖感で眠れぬ夜を過した。

翌日、館主はタネにおためごかしな物言いをした。またその夜、前夜のことを思うとタネは母親が恋しくなり、仕事のあとわが家へ駆け戻った。チカはタネのただ事ならぬ気配を察し、洗いざらい聞き出した。そして館主から何か言ってくるだろうから数日家にいるようにと娘に話した。タネはチカの言う通りにした。

翌日、館主は予想通り、さすがに申し訳なく思ったのかチカの家を訪ね、謝罪した。タネのほうも館主が可哀相になり、すべてを水に流して再び仕事をするようになった。しかしタネは、このことがもとで「どうして男は助平だろう」と改めて思わされた。夜這い事件の落着後、館主はとてもよくしてくれたが、タネは男に対し、もう決して警戒を弛めることはなかった。

そうして大正デモクラシーの雄、吉野作造が民本主義を唱えた一九一六(大正五)年、再び佐渡原座の興行があった。その座長は、タネが一人で芝居のまねごとをしているのを見、筋のよさをも見て取ったのだろう、タネを子役で舞台に上げたらどうかと館主に持ちかけた。タネは「恐しいような、嬉しいような、複雑な気持ちで、どんな返事をするだろうと」固唾を呑んでいたが、館主は、「それはいけません、親から固く預かっている子、まして事情のある子供ですから」と固辞した。しかし座長も諦めずに相談を持ち込んだ。再度の申し出に館主は、じかにタネの母親に当るよう言い伝えた。

そこで座長の伝令がチカのもとを訪れると、チカは本人がその気なら意に沿うようにしてやりたいが、夫・正義も留守ゆえ自分の一存では判断しかねるとやんわり断った形になった。タネの役者デビューの話はこれで立ち消えとなった。

そうこうするうち一座はまたどさ回りの旅に出ることになり、都城のそばの高崎新田で、小屋がけで三日間、興行することになった。そしてタネも一座について行った。

そのころ芝居の上演は夜の部一回だったが、いよいよ初日という日、朝から雲行きが怪しい。しかし寿司ネタは仕込まねばならず、迅速作業で昼過ぎには巻き寿司が二十本ほど出来上がった。これを一本あたり十五銭(現在の約九十円)で売るのだが、多くこさえても完売するか難しく、まして雨ならなおさらである。

話は急に現代にずれるが、以前、まだ東京ドームができず後楽園球場であったころ、野球の試合が雨天中止の場合、球場の売店でその日販売される予定だった弁当が、廃棄処分になっての被害総額は一日で二億円というテレビ特集があった。それほどではないにせよ、降雨中止のときの物販のダメージは想像するに余りある。空を見上げて関係者は心配そうで、たねも同様だった。ともかく上演の準備をしたが、開演時間夜六時で、五時半に三割程度しか客の入りがない。空模様の怪しさはいや増し、開演直前、とうとう雨粒が落ちてきた。

天幕も張ってなかったので関係者は大騒ぎ、もう客を帰らせるほかなくなって、切符係が明日晴天の場合はやります、どうぞおいでくださいと声を張り上げるよりほかなかった。

タネは、つくって二十本はある巻き寿司のことが気がかりで、「そこいらの姐さんたちに売って来ます」と館主に話した。館主は申し訳なさそうにしつつも顔は嬉しげだった。

その顔を見るとぜひ売り捌かねばという気持ちになり、雨中急いで赤線地帯まで向かった。そうして今の中一ぐらいの年齢のたねが娼妓たちに、「今日のお芝居に作った巻き寿司ですが、雨になって売れなかったの。いたまないうちに皆さんで買って戴けませんか。十五銭ですが十三銭にしておきますから、みんな買って下さい」と話しかけた。すると娼妓たちは愛嬌のあるタネを気に入り、寿司を買ってくれた。

勝手なダンピングをしたにせよ、ここで十五本は売れた。だがまだ五本残っている。何とかよそで捌かねばと歩を進めたが、あとはどこも「おさむい家で」買い手がつかなかった。仕方なく、五本ぐらいならいいのではと館主のもとへ帰り、売り上げ報告した。すると館主は、ダンピング価格でも十五本売れたと知りたいそう喜んだ。

タネがそうしてまめまめしく働いていたある日、「おタネ、おタネ」と茶屋の裏から呼ばわる声がした。声の主は、タネたちをほっぽり出していなくなっていた正義である。芝居小屋に知り合いがいて、そのつてで小屋で働いていたが、思いがけずたねと遭遇したのだ。タネは父に今後どうするつもりか詰め寄って聞くと、「いまさらお母さんに会わす顔もないよ」と言ったが、タネは「私たち子どもが可愛かったら家に帰って」と父に話した。

ほだされた父を家の前まで連れてくると、タネは真夜中に家の戸を叩いて母親を起こし、「お母さん、今もしお父さんが帰ってきたら家に入れる?」と聞いた。藪から棒の言葉にチカはいぶかしんだが、タネが招じ入れた正義の姿を見るや、弟の正時が飛びついた。チカも正義を身勝手に思いながらも、帰還をとても喜んだ。

再び一緒になった正義夫婦は料理屋を営み、夏場は氷屋もした。商売は結構繁盛したらしく、正義は「手が足りない」と、暗にタネに家へ戻るようジェスチャーした。しかし芝居が大好きなタネは家より楽しいので、今の仕事場を辞める気はさらさらなかった。

こうして家には正義が戻り、タネは月給を仕送りする必要もなくなった。自分で多少の貯えもできたので、弟妹たちに履物の一足でも買ってやろうと年末に家に戻ると、正義から、正月過ぎには鹿児島へ引き揚げて駅前で商売をスタートするよう手配してあるので今度突っ込んだ話をしようと言われた。

鹿児島へ引き揚げるのは嬉しいし父母にとってもいいだろうと思ったタネは、新栄座へ帰り着くなり館主と女将に事情を打ち明けた。二人からは小林を引き揚げるなら止めだてしない、けれどよその小屋で働くのではないでしょうね、お金に困ってそうするつもりなら遠慮なく言ってほしい、という温かい励ましをもらった。

そしてその年の十二月二十五日のクリスマス(大正時代のことなので一般庶民にはまだ縁遠い祝祭日だったかもしれないが)の日にタネは仕事を辞めた。懐には給料と餞別の五円をしのばせ、所持金はぜんぶで二十一〜二十二円ほどになっていた。

[6]初めてのラブレター

芝居小屋では押しなべて楽しい思い出の多かったタネだったが、若い役者から尻を撫でられたり、下品なことを言われたりセクハラの被害に遭ったこともあった。舌を出してタネが逃げれば「色気づいているくせに」などと言われた。

タネは小金井という妻子持ちの役者に兄のような敬慕の心を抱いていたが、ある日お茶を持ちこの役者の部屋を訪れると、不思議な顔で見られた。タネはそそくさと逃げ去ったが、これはタネが役者への敬慕の情のほかに第二次性徴期を迎え、「女」として羞恥心を覚えるようになってきていたのか。

この頃からタネは自分の髪型を意識し出した。前髪を耳から分けて出し、桃割れにして長くした。この毎日の髪の手入れが楽しく、のちにタネはなかば本気で髪結いを志すほどになる。髪が揺れるたびに自分でも色気を感じたが、乳房の発達も他人より早かったようだ。銭湯で大人からじろじろ見られるほどだった。「同じ年頃の人とくらべると、自分が片輪のように」思われたらしいが、被害意識が強すぎるように思われるのは彼我の時代の差か。ともかく身体はめっきり大人となったタネであった。

そんなタネに恋をした少年がいた。表具屋の息子の金ちゃんという少年である。

きっかけはタネが、正月のもち米を洗ったはずみで井戸の釣瓶をうっかり車から外してしまったので、取りつけようと悪戦苦闘していたことだった。そこにこの金ちゃんが来て「ぼくがやってあげるヨ」と手助けをしたのである。金ちゃんは両親がすでになく、姉二人、妹一人の四姉弟であった。この少年は年ごろのタネを頭の上から足の先までじっと見つめていたことがあったが、正月も松の内を過ぎたころ、タネが井戸端で洗濯をしていると、そっと懐へ手紙を入れた。「洗濯場で返事を聞くから……」と金ちゃんは小声で言うと、台所へ忍び足で入っていった。タネは他人にこの一場を目撃されなかったかと心に動悸を覚えた。「手紙の内容はだいたい、わかるような気が」したからだが、さすがに大人びていたタネらしい。

気が気ではなく、残りの洗濯物も片付けられなくなるほどだったが、そのうちまた金ちゃんがきて、「見てくれた?」と聞いてきた。タネがかぶりを振ってまだだと身振りで示すと、「自分の思ったことを、この間から話したかった。好きだ。あんたどう思う?」と突っ込んできた。タネは「そんなことわからない」と言って洗濯物の残りを手早く干すと、井戸端へ引き返した。すると金ちゃんは「返事くれるね?」と言い、その場からいなくなった。

気持ちが幾らか落ち着いてきたタネは洗濯を済ませ、人影のないところで、そっと手紙を読んでみた。するとそこには、あなたは「優しい人だと評判がいい」「あなたの気持ちを聞きたい。ぼくを助けると思って、逢ったとき、好きだとひとこと言ってもらえばよいのです」「ぼくも早く一人前の表具師になって、姉たちを楽にしてやるつもりです。そしてあなたも幸せにしてあげたい。信じて下さい」と思いのたけが連綿と綴られていた。

芝居の台詞を聞かされているように思ったタネは、金ちゃんが幼いながらも背伸びして懸命に書いたと思われるこの手紙をすぐに破り、小川へ千切って流してしまった。だが翌日、銭湯の帰りに金ちゃんとはち合わせし、ばつの悪い思いをすることになる。しかしまごつきはしたが、タネは、

「嫌いじゃありません」と言い放ち、脱兎のように駆け出した。

こんなことがあってからタネは、地方へ出かけた金ちゃんと暫く会わなかった。そのころはまた母チカが五男・重志を出産し、タネも子守で忙しくなってきたころだった。

そしてある日、地方から戻ってきた金ちゃんはタネを郡役所のそばで見つけ「姉から聞いたが、近いうちに鹿児島へ帰るんだってね」と言ってタネを見つめた。タネは一緒に歩きながら「二月に入れば、引き揚げの準備をすることになっているのよ」と正直に答えてしまった。すると金ちゃんは、「あとひと月もないじゃない。この間、嫌いじゃないとだけ言ってくれたので、少々気持ちも落ち着いた。ありがとう」と答えた。しかしもう離れなければならないのかと思うと、みたいなことを言いながら、タネが子守で抱いていた四男・芳雄のお尻の下から手を伸ばし、彼女の手を強く握り締めた。タネは赤ん坊を抱いているのでどうすることもできなかった。それに「動悸もしなければ、別に何の感情もわかない」「女々しいような、気の毒のような、気持がするだけだった」そうなのだった。

そして金ちゃんに、金ちゃんのお姉さんが「親がわりに、一家をきりまわしているのでしょう。貴方も一日も早く、姉さん孝行してやらなければいけないわね」と、ちょっとおませなことまで言った。

「ぼくもそのうちおタネさんに逢いに行くよ」手紙を出すので忘れずに返事を下さい、と金ちゃん。

「私ね、学校へほとんど行ってないから、手紙など書けません」と、タネは言った。

「片仮名でもいいよ。ぼくもようやく六年を終えたんだ。表具師など、もともと好きじゃない。何かほかの仕事をしたいのだが、急に何をしてよいのかわからない。きっとおタネさんの幸福のために考えるよ」と金ちゃんは真面目な顔つきで言った。するとタネは、「そうしてください。わたし先に帰ります」

「もう二、三度、いや、もっと逢えるのを楽しみにしているよ」

そういいつつ金ちゃんは、タネが芳雄を降ろすとき、再び手を握って駆けて行った。うしろ姿を見ながらタネは、あの分じゃ金ちゃんは、鹿児島まで本当にやってくるんじゃなかろうか、と心配になった。

[7]鹿児島への帰還

そんな大正時代の「小さな恋のメロディ」的恋物語が繰り広げられるうち、正義の鹿児島の友人から手紙が届いた。それによると鹿児島駅前に一軒家の空き家はないが、八畳二間なら間借りさせてもよいという家があるとのことだった。ただし子沢山だと長居は困るので、他に落ち着き場所を探しつけるまでということならば友人が保証人になるとのことだった。この手紙を読み、正義夫婦は友人の厚意に添うように決めた。そしてタネに引越しは二月二十日にすると伝えていたのだった。

さっそくタネは、芝居小屋の仕事で忙しくほとんど通学できなかったが尋常小学校の転校手続きをとり、家族とともに引越しの準備にとりかかった。

そして小林を引き揚げる日も残すところ十日となったころ、金ちゃんの体調が悪く、地方へ出稼ぎに出かけないという話を聞いた。タネは仮病だと直感した。そして金ちゃんと今度会ったとき、寂しげな表情を見るのがつらかった。

その後タネの一家は引越し約一週間前には店を畳み、家財道具の処分も済ませた。部屋はがらんとなり一抹の寂しさはあったが、心は早くも鹿児島へ向かっていた。タネの家には近所の人びとが引越しの手伝いに来てくれたが、金ちゃんも深刻な物言いで「何かさせてください」とやってきた。そして顔をタネに向け、じっと見つめていた。

正義もチカも忙しそうにしている。タネはお茶を立てるべく湯沸かししていたが、そこへ金ちゃんが近づいてきて「今日は一人で留守番しているんだ。」と小声で話しかけてきた。これにタネは生返事をしていたが、準備が済んで皆にお茶を出し終わり、最後に金ちゃんにお茶を出した。するとこのとき金ちゃんは、「おタネさん、記念にあげるものがある。気に入るかどうかわからないが、あとで家へ来てくれない」と言い、お茶も飲まずに戻っていった。

何をくれるつもりなのか、タネは気になったが、暫くしてから乳児の弟を抱き、金ちゃん宅に行ってみると、金ちゃんは家の奥から小箱を手にしてやってきた。そして「男にゃわからないけど、このたけなが(和紙で奉書紙の一種)どう?」とタネの目の前に置いた。

貰ってタネは礼を言い「妹さんは?」と聞くと、「表にいるだろう」と言いながら、タネににじり寄ってきた。タネは危うく乳児を落下させるところだった。

そんなタネと乳児の両方を抱えこみ、だしぬけに金ちゃんは唇を寄せた。タネは振り切って家の裏に出た。自宅に戻ってからも胸の鼓動はとても治まらなかった。そしてあと数日はつきまとわれるのではと思い、息苦しさを覚えた。

帰ってからの引越し準備は夕方には恰好がつき、気が楽になったタネは銭湯へ出かけたが、帰宅するとチカから、金ちゃんが餞別を置いていったことを聞かされた。ともかくタネは金ちゃんがどう出ようと、そこまで心を動かされることはなかった。

明朝、タネが井戸端で洗顔しているところへ、金ちゃんが歯を磨きながらやってきた。そしてバツが悪いような感じで「昨日はすみませんでした」と歯磨き粉を口から吹き出させながら謝った。反射的にタネも「アレありがとう」と礼を言い「明日はいよいよお別れですが、お姉さんたちに会えるかしら」と聞くと、「夕方までには帰ることになっている。みんなでお見送りすることになっていますから」と意外と明朗に答えた。タネはほっとし、金ちゃんにまた少し好感を持ったほどだった。

そして二月二十日がやってきた。タネ一家は正午ごろの列車に乗るためにてんやわんや、「おにぎりだけでも、相当な数」とのことであった。

弟妹たちは初めての汽車旅行となり大喜びだ。「汽車の入口は、今のように両端でなく、真ん中に一つあり、一間位もあったろうか。もちろんランプ、夕方になると駅員が屋根の上から天井にランプをさげる」「車中は畳敷きで、真ん中頃に丸太を渡し、背中合わせに、腰掛けるようになっていた」と自叙伝には記述があるが、当時の「箱汽車」の車内風景がありありと目に浮かぶ。たいへん貴重なスケッチと言えるだろう。

早くも車内では弟妹たちが大騒ぎ。小林駅のプラットホームにはご近所の人々が大勢見送りに詰めかけていた。そのなかには金ちゃんの姿もあった。

タネに迫り、ラブレターまでくれた金ちゃん。「だが今日だけは、なんとなく、別れが惜しいような、複雑な気持ちで胸は一杯だった」と当人は昔日を振り返って正直に心の裡を明かしている。タネが「さよなら」と別れの言葉を告げるやいなや、汽車は煙をあげ、一路鹿児島へと向かっていった。

そして一九一六(大正五)年二月二十日、無事に鹿児島駅に到着した。「さすが鹿児島だ。小林町とはてんで違う。都会だなアと思われる」と喜代三は持ち上げている。

関係ない話だが、二〇一一(平成二十三)年、九州新幹線が全線開業したこともあり、大阪や名古屋に住む県外の友人たちを筆者は鹿児島に招いたことがあったが、そのとき友人たちから「鹿児島は都会だネ」と言われた。首都圏の喧騒には及ぶべくもないが、今も昔も、適度に都会の感じがあるのだろう。地元民としては「鹿児島ってめっちゃ田舎やん」と言い切ってもらったほうがいっそすっきりするのだが……。

余計な話はさておき、弟の芳雄をおぶったタネは、家族と駅の改札口を出た。そして「広場を半丁くらい行ったところの左側に」ある新しい住居に向かった。自叙伝の記述から類推すると、今の小川町あたりとなる。黒塀の門をちょっと行くと一軒を分けた右側が年取った夫婦が住む部屋で、タネたちの仮住まいの新居は左側だった。

家に着くとすぐに大家の夫人がやってきたのでチカは挨拶を済ませた。タネの弟妹たちは騒ぐと家を出ていくよう大家に言われたらと概して静かだったが、タネが夫人にお辞儀をすると、タネをまねてお辞儀して笑い、子供らしい茶目っ気を見せていた。

正義は駅へ荷物を取りに戻り、人力車で帰宅するや、大家に正式に挨拶に行った。タネと妹たちは米などを買いに出た。弟の正時は数軒先の木炭屋に出かけた。そして木炭屋に炭を担がせ戻ってくると、箱火鉢に火をおこした。子供たちもけなげに働いた。

当時の食料品の物価は、米五升が五十銭(現在の約四千二百円)、お茶五十匁が七銭(現在の約五百円)、めざし二十匹が二十銭(現在の約千六百円)で、これだけのお足を出して食材は買い込まれ、タネは夜食の準備にかかった。

炊飯は七輪で行った。今や七輪も語句の解説がいるかも知れないが、簡明にいえば土製のコンロである。この器具で飯炊きをするのには家族の誰も慣れてはいない。そこで母のチカが、「タネ、七輪のご飯はいけなこっな(どんな具合だい)」と聞くと、タネは、「仕上げを見やんせ(見ていてください)」するとチカは、「ヘエー、いけなご飯がでくっこいやら(どんなご飯ができることかね)」

と返答した。

自信ありげに答えたわりにはタネは出来上がりが気がかりだっただろうが、白米はちゃんと炊き上がった。

食事の準備が整うと、タネは買い物しにチカにお金を貰って外出した。そしてこのとき初めて「電車が通っているのに気づ」いたようである。この「電車」というのは「路面電車」と見てほぼ間違いない。「小林へ行く前もあったような、なかったような、一寸ハッキリした記憶がなかった」と伝記にはあるが、それもそのはず、鹿児島市で路面電車の運行が始められたのは一九一二(大正元)年十二月一日のことで、鹿児島電気鉄道という私鉄によってであった。鹿児島市がこの会社を買収して「市電」となるのは一九二八(昭和三)年になってからのことである。

一九一二年の運行軌道は武之橋〜谷山間であった。このころタネは谷山付近に住んでいたので電車を見ていたとしてもおかしくないが、ともかく路線が延伸され武之橋〜鹿児島駅前が運行開始されたのは一九一四(大正三)年で、タネが小林へ一家で夜逃げ中のことだった。鹿児島に帰着して駅に降り立ったら、すぐに駅前に電車の軌道が見えたはずだが、久しぶりの国もとへの帰還である。軌道敷など悠長に眺めている心の余裕もなかったのかもしれない。

しかし鹿児島に帰ってきて三日目には引越し荷物も片付き、タネの一家は新しい暮らし向きを考えるようになった。

そこで半月ばかり過ぎたころ、家の向かいの電車通りを渡った角にもう一軒家を借りた。四畳半ほどの土間と、六畳の和室が一と間の小じんまりした間取りの家だったが、正義とチカの夫婦は鳩首会談し、ここで果物屋を商うことに決めた。

さっそく改装工事を施して開店し、バナナ、りんご、砂糖黍、ピーナッツ、みかんなどを販売した。今、筆者は、列記した果物の類いのなかに砂糖黍が入っているのを見つけて嬉しくなった。平成の現在、果物屋に砂糖黍は売っているのだろうか？　昭和四十年代に亡くなった祖母がよく買ってきてくれて一緒に齧ったものである。

ちょっと脱線したが、店は鹿児島駅に近く、旅行客が列車内で食べるのに買ってくれないかという狙いが正義にはあって、始めたもののようである。

春先に店を開いてからというもの、タネはここぞとばかりに店番をさせられた。しかし「小林の中茶屋で、他人さまのことにも嬉しく働いたが、こんどは我家のこと、一層張合がある」ということで、タネ自身も大張りきりだった。正義は連日仕入れで多忙で、正時、むら子、正雄ら弟妹たちは学校へ通い始め、住居に昼間にいるのはチカと下二人の子供たちだった。タネは店のほうでてんてこ舞いに働いた。

[8]自ら花柳界へ

タネが実家の果物屋の店先で忙しく働いていたある日、チカの祖母の妹の娘になる伯母の常が店にやってきた。常の職業は髪結いで、自分も丸髷に結っていて美しく、弁も立った。今でいう美容師の髪結いになりたかったタネにとって伯母はちょっと憧れの人だった。

伯母には武夫という六歳になる息子がいた。タネは縮緬を着ておしゃれをし、チカとうきうきと天文館の中座へ芝居見物に出かけたら、何と武夫が子役で出演していた。出し物は有名な「重の井子別れの段」である。「有名な」といっても興味のない向きはご存じないと思うので少し記すと、近松門左衛門の『丹波与作小室節』(これを改作したのが人形浄瑠璃の『恋女房染分手綱』である)の一エピソードである。

与作は武家の娘・重の井(重井)に恋し子供まで授かるが、重の井は大名の乳母役に抜擢され、与作も子供も離ればなれになってしまう。数年後馬方をやっている三吉という少年が、近江路でたまたま男を馬に乗せるが、この男こそ、まだ見ぬ父の与作だった。与作は三吉を自分の子と気づいており息子の家に厄介になる。いっぽう重の井は、大名の娘をあやしたことで江戸に登る行列に加わることになった三吉の守袋を見てわが子と知り驚愕する。三吉には姉と慕う娘がおり、娘の父親の経済的窮状を見かね姫の金品を盗み、このことがもとで実の親子の間で悲劇が起こる。

だいたいこんなあら筋で、これを映画化したのが内田吐夢監督の『暴れん坊街道』(一九五七年)である。この映画を筆者はごく最近に観たが、原作をよく映画化した傑作であった。

それはさておき、この劇の一幕が終わり次の幕になると「この場面は、いやに悲しい。重井という母親が、小さい子供に馬追いなどさせ、自分だけよい暮らしをしている場面」だったとのことだが、重の井は先に記したように悪女ではなく、封建的武家社会の被害者である。この上演は関西の劇団の巡業公演だったが、地方での客受けのためにだいぶ脚色されていたのかもしれない。ともかくこの一幕を観て、喜代三は「芝居のなかの母親と私の母を思うと、えらい違いだ。母のえらさが、いっそう身に沁みた。あんな苦労をしながらも、子供を離さずよく辛抱してくれたと感謝の気持で一杯だった」と感想を述べている。

この日の公演には「佐倉宗五郎」もあったとのことだが、チカは「この外題は見ちゃおれないと、一足先に帰って行った」らしい。ついでなので佐倉宗五郎(惣五郎とも言われる)まで記しておくと、一六〇〇年代初期に存在したとされるこの人物は、姓は木内、俗称を宗吾という。下聡国印旛郡公津村(今の千葉県成田市台方)の名主で、公津村は佐倉藩の領地だったが、年貢の取り立てが年々厳しくなったため、佐倉を代表して領主への直訴を申し出た。ところが斥けられたため、四代将軍徳川家綱に直訴して領民を救ったといわれる。「義民」宗五郎のこの逸話は、体制への不満が高まり下地ができていた江戸時代後期から歌舞伎の演目となり大ヒット、明治後期には『佐倉義民伝』として広く定着した。のち喜代三のタネは一人残ってこの芝居を観たようだが「母がいったように、いやな場面が多かったように思う」とのことだが、察するに領民たちがお上に苦しめられているところを強調し、大仰に演じられたものだったろう。深夜十二時ごろまでもかかったこの日の芝居を観終えて、タネは家路についた。

帰る道すがら、タネの胸中には伯母のやっている髪結いや、伯母の息子も出た舞台への憧れが、苦労をかけた母チカへ何とか親孝行をしたいという思いとないまぜになり、去来していたようだった。とくに髪結いへの思いは捨てがたく、正義に頼んで伯母の結髪の仕事を見学させてもらった。髪結いになるのはチカも賛成で「身に技術を仕込んでおけば」と語っていた。

しかしタネの思いをよそに実家の店は繁盛した。七高（現・鹿児島大学）生や、修学旅行生の客も多かった。ただただ忙しく働いた。しかしときおりふと、小林のころを懐かしく思い出したりもするのだった。

そんな日々を送っていた一九一六（大正五）年の四月ごろ、正義に客がきた。父と客との話に聞き耳を立てていると、「芸者」という言葉が漏れ聞こえてきた。それはタネを芸者にしないかという相談話だった。この客は実家の店の常連客で鯵坂という人物だった。鯵坂は芸者や仲居の周旋業を始めたばかりで、店に通っているうちにタネの器量に惚れ込み、目星をつけていたらしかった。

タネはよく、舞妓を引き連れているお大尽の姿を思い浮かべ「芸者ってよいものだなア、綺麗な着物を着て、おいしい物を食べ、踊ったり、唄ったり」と夢想したものだった。知らず知らずのうちに、花柳界入りを自分の心の中でほぼ決めていた。

花柳界のことをよく知らない者からすると、女子の花柳界入りは女衒に売られて……というような暗いイメージがあるものだが、タネの場合はそうした世界に自分から入ろうと思ったところが違う。しかもその理由は今言ったような花柳界の華々しさに少女らしく憧れて、というのも確かにあっただろうが、それだけではない。

果物店の品物が結構売れたとしても、八人家族の暮らし向きは大変である。六人姉弟の長女で第一子であるタネは、長姉の責任を考えたのだろう。また現在のところ店は軌道に乗っているが、父の性格からして新たな商売に手を出し、母や姉弟が困りかねないので自分が稼ぎ頭とならねばとの思いもあったに違いない。いずれにせよタネらしいことである。

話のあった翌朝、タネは父母に花柳界入りの決心を伝えた。父母から、とくに父からは当然のように猛反対された。それは伯母の常ら親戚にしても同様であった。「士族の出でありながら、芸者など」とんでもないというのであった。常はタネに、もし芸者などになるのなら、親類としては縁切りだと説得しようとしたが、タネは「よろしいです」「それなら家にも来ないでください。武夫にも悪い影響を与えますし」と言いきった。

そんな固いタネの決意に、六日目には父もとうとう折れた。それには正義が、頼りにすることが多かった専売局勤務の伯父から「それほど本人が好きでなりたいというなら、させてみればどうか」と言われたことも手伝っていた。またチカもこのころはタネを半分諦め加減で援護するようになっていた。

タネはようやく両親を説き伏せた。しかしその日の夜を迎えると「嬉しくなり眠るどころか、その反面、不安にも」なってきた。まだまだ揺れる十三歳の春であった。

［9］新米芸者

タネの願いを聞いて、正義は鯵坂のところへ相談に行った。そして初めて芸者を抱えることになる置屋「都屋」で勤める話をまとめてきた。都屋ではさっそく今日にでも詳しい話をということだったが、急過ぎるので、翌朝にということになった。その夜タネは家族に別れの挨拶を言い、翌朝約束の時間には鯵坂に連れられ、今の東千石町にある都屋へ到着した。

余計な話だがこの東千石町は筆者の実家がある地域である。だから家の窓の外を約百年前、喜代三ことタネが動き回っていたかもしれないと思うと嬉しくなる。映画『丹下左膳餘話　百萬兩の壷』で彼女を知り、このこともあって一文を綴ってみようと思い立った。

さてこの都屋は西検番の管轄内にあり、辺りは同じ置屋が軒を並べていた。

ここで再び横道に逸れ、わかりきったことかもしれないが解説を挟んでおくと、置屋とは芸娼妓を抱えておく家のことで、自分たちの家では客を遊興させず、茶屋などからの注文に応えて差し向けていた。また検番とは芸者屋の取り締まりをするところで、芸妓の取次ぎや玉代の清算などを行う場所のことである。加えて芸妓の教育も行っていた。

都屋の話に戻ると、ここは四十代半ばの「亡八」（置屋の主人の呼称）とお内儀、それに小さい子供が三人いた。間借り人は三人で、ほかにお抱えの芸妓が五～六人いた。芸妓は料亭での住み込みは禁じられていたらしく、寝所として都屋を使わせて貰っていた。

置屋の主人と鰺坂との話し合いでタネは十年の奉公で百円(現在の約百万円ぐらい)、芸者として一本立ちできたら出来高払いでさらなる昇給がなされることとなった。この内容で契約書が作成され、一九一六(明治五)年の四月十五日、タネはいよいよ芸妓としてのキャリアをスタート、いっぽう父の正義はタネの奉公のいわば身代金の百円を元手に食堂を開店することにした。

タネの勤めることになった都屋は二階立てで、一階の玄関は三畳ほど、奥は八畳と六畳。厨房は石敷きで下駄ばき、大きい水甕があり井戸に近接していた。向かいには五右衛門風呂があり洗面所は隣りだった。そこでは先輩の芸妓二人が洗顔していた。

二人にお内儀が「お染さん、八重子さん、今日からこの子が来ましたからよろしく頼みますよ」と声をかけたので、タネも丁重な挨拶をした。すると「そうでっか。幾つやねん?」と、大阪弁で親しげに聞かれた。

ここでこの大阪弁にちょっと注意したい。のち喜代三のタネが世話になった置屋の先輩芸妓のお染と八重子は関西の出か、関西出身者の強い影響下にあった女性だろう。というのも当時の鹿児島の芸者は、ほぼ全員が関西出身者で占められていたのだ。その原因として喜代三は、江戸時代の末期あたりに「余り薩摩武士は無骨でいけない。その頃は稚児さんというのが流行した。それは一寸美少年だと、たくましい連中に胴上げされ、連れ去られる。夜学にも下男がお供して行くが、待ち伏せして、さらって行くという次第で」、島津家第二十五代藩主・島津重豪(一七四五~一八三三)

が「関西方面から十人とか十五とかの芸者の綺麗どころを、鹿児島へ呼んで、無骨武士達の気持を和らげたのが始まりで、以後、芸者はどこの国からきても関西弁になったのだと聞かされた」と述べている。重豪公が薩摩藩士の稚児趣味を憂い、治世時に行なっていた進取的な藩政整備の一環として、上方（関西）から一流の芸妓を集め遊郭を設けたのが遊里での関西弁「公用語」の原因と思われるが、実はこのことは、今回いかなる文献をあたっても裏付けとなる記載を見つけられなかった。しかしこれはタネが先輩芸妓から受け継がれ「聞かされ」てきた話だとすれば、かなり信憑性が高いように思われる。余計なことだが、現代の郷土史研究の方々も、もっと喜代三の周囲に注意を持っていただければ、また新たな発見があるのではという思いを強くする。

再び話は戻って、先輩芸者の二人に、タネが「（数え年で）十五です」と答えると、「そうかいな、まあ縁があって、おいなはったのやさかいに、えい芸妓はんになれるよう勉強せなあきまへんえ」と優しい返事が返ってきた。いささかならず緊張していただろうタネがこの一言で気がほぐれたのは想像に難くない。

挨拶を終えたころには女中らしい人が外から、岡持ちらしきものの中から二人分の料理を出して出て行った。ほとんど間をおかずお内儀から、「このお盆に載せて二階へ持って行きなさい。一日二回は、これからお前が運んであげるのだよ」

こう言われたタネは料理を二階に運んだが、部屋は鏡台、箪笥、火鉢と整頓が行き届いていた。ここには「西海」で働く八重子とお染が間借りし、食事は料亭から取っていた。

都屋での炊事はお内儀の妹のお時が中心になってやっていた。都屋の屋根の下の構成はこのほか、頃は十六～十七歳の学生であるお内儀の長女と、幼い次女の容子がいた。長女はタネが挨拶すると笑顔で応じる、親近感の持てる女の子だった。

夜七時ごろには検番詰めらしい人物がやってきて、「八重子さんもお染さんも西海におこしらへ（お座敷）」と告げた。

お内儀から二人を手伝うよう言われたタネは二階へ駆け上がっていったが、八重子とお染は「さっき見たのとは、大変な変わりよう」で、化粧をし髪を整え「すばらしく綺麗になっている」。すっぴんで見た八重子とお染は四十代に見えたので、驚きはいっそうだった。

「すまんが足袋とってんか」と言われたが、タネがどうしてよいかわからずまごついていると、「無理ないわ、今日来てそうすぐわかるものやないわ」「ええそこで見てなはれ、だんだんわかってくるわいな」

こう言われたので、離れて座って見学させてもらった。身支度を終えた二人が階下へ降りた後、タネは二人が脱ぎ捨てた部屋着を衣紋掛けに掛け、部屋を片付けてから自分も降りた。

するとお内儀から「どう？　芸者さんっていいものだろう。二～三日したら稽古に行けるよう考えなければね。三味線と踊り、どっちが好きや？」と聞かれたので、「どっちも習いたいです」と答えた。

これにお内儀は「よかろう。踊りを習うには長い袖の着物が必要だからつくらねばならない」と話し、あとで銘仙の長袖を誂えてくれる約束をしてくれた。

夜は置屋の住人と食事を一緒にとってから、九時には床に就いた。寝具は不意の来客に備えて押入れの蒲団がすべて並べられたので、タネの寝場所は蒲団があたり一面敷かれた関係上、隅っこの階段のそばということになった。タネは初日に気が張り詰めていたせいか、何を思い巡らす暇もなく、すぐさま深い眠りに落ちた。

翌日からタネは朝七時ごろには起き、まだ寝ている芸妓たちの姿を意外と寝相がいいものだと感心しながら階下へ降り、洗顔を済ませると、お時を手伝って甕に水汲み竈に火と働いた。家の中の拭き掃除もし、外の門のあたりにも箒を入れた。

朝食の時間になると、置屋夫婦の下の娘の容子がまだ箸が握れないのでタネが食事をかまい、食後は皆の食器の皿洗いをした。また容子の子守りをして城山まで散歩に行くこともあった。帰ってからは八重子ら先輩の芸妓にことづけられて、洗粉の買い物に行った。当時はこのような洗粉というものがあり、これや糠などで身体を洗った。タネは石鹸というものをまだよく知らなかった。またバケツ給水リレーによる風呂焚きも行った。銭湯に行き慣れていたタネには重労働だったが、日々をこのように過ごし、ここが早くも「我家のようになじんで」きていた。

さてそうするうち銘仙の着物も出来てきたので、唄と踊りの本格的な稽古に入ることになった。

立ち寄る蔭は難波津や～で知られる地唄の「軒の雨」が唄と三味線と踊りの最初の課題曲となった。踊りと唄と三味線では、初体験の三味線の習得に骨が折れた。通い先で師匠が「テン・トン・

シャン」とやるのを見、すぐに自分の運指に気をつける。「大変な忙しさ」のうえ、自分の爪弾きでは「テン・トン・シャン」どころか「ポツン、ポツン」と聞こえるありさまだった。稽古場から戻る道すがら、扇を手に持った恰好でくるりと一回転し、声に出して拍子を取った。「通る人も変に思ったことだろう」と喜代三は述べている。

置屋に戻り二階に登りかけると、おかみから「何を習ったや」「一生懸命覚えやんせ。早よう試験を受けて、見世出しせんなら(しないと)」と言葉が返ってきた。先輩芸者のお染も技能の習得に手を貸してくれ、踊りと三味線のレパートリーも徐々に増えてきた。

そうして「都屋」へやってきて一カ月ほど過ぎたころ、お時の母親が脳溢血で倒れたという報せがあり、お時は急ぎ里帰りした。このためタネは仕事が増え、芸事の稽古どころではなくなったが、それでも三味線の稽古だけは欠かさなかった。

朝は早起きして九時には稽古に駆けつけた。「少しでも時間を長く取れるように何時も一番だ」、そして「私の稽古が終るころは四五人の人が待っていた。そのころは恥しいどころか、人の習っているものまで盗もうと熱心に頑張った。三十番ぐらいまで上げた」とは、いかにも努力家のタネらしい。三味線習得のエピソードには彼女の意志の強さを感じる。

置屋勤めを始めて三カ月近く経ったころには、先輩の芸妓から「筋がいいし覚えも早い」と賞賛された。のみならず先輩のお染は置屋の主人に「そろそろ試験を一度受けさせてみたらどうでっしゃろ」と進言したほどだった。「どうせ一ぺんには無理やろが、半年先になっても、ええつもりで、試験度胸をつけさすのも、よろしいやないか」という会話がなされ、タネが実技試験を受けることが決まった。

試験は七月初旬に行われた。演題は「萩桔梗」の舞踊に「我が物と思えば」の唄い出しで始まる端唄による三味線と唄などがあった。中に玉章忍ばせて　月の野末に草の露〜で始まる「萩桔梗」は扇子を持つ手の返しなど細かい動作が多く要求される曲で、「我が物と思えば」のほうも広い音域での技量が問われる唄である。どちらも試験の課題曲としては熟達度を測るのに恰好の曲目といえた。

タネは全曲を何とかやり遂げた。受験者はタネを含めて四人いて、うち二人は二度目の受験者だった。合格発表の日、タネは置屋に待機していたが、夜、主人が嬉しげな顔で帰ってきた。その顔つきを見ただけで結果がわかった。二度目受験のうち一人が合格で、初受験組ではタネだけが受かったとのことだった。

さっそくタネは世話になったお染に合格の報告をしたが、お染はこのことを既に聞き知っていた。試験官となった芸妓とお座敷を一緒にしていたのである。「嬉しいやろ」とお染はタネの頬を突っついた。

八重子もタネの前まで来て「ホーそりゃよろしおましたなあ。いっぺんでどうかと、ちょっと心配してたんやが」と言ってくれた。お染がまた「わりに度胸がおましたそうな、お座敷で一緒だった蝶吉姐さんに聞きましてん」と言葉を足してくれた。その後も朝晩タネと生活サイクルの合わない娼妓らもみな集まってきてくれて、合格を祝ってくれた。

置屋のお内儀も喜んで、近く一度実家に帰り、家族に合格の報告をして来るよう勧めてくれた。タネはこの厚意に甘えて、翌日、舞踊の稽古場へ行き師匠に合格を喜んでもらったあと、小川町の実家へ向かった。

実家は様変わりしていた。店の六畳は食堂になり、それまで主に商っていた果物は申し訳程度に置いてあった。タネは置屋勤めを始めた身代金百円を全額、父の正義に渡していたが、正義はこのうち十円を仲介してくれた鰺坂に礼金として渡し、残りの九十円を遣って食堂を開店したのだった。自分の身体が元でのお金で家族がいちおう不自由なく暮らしているのを知り、タネはとても嬉しかった。家族のほうも、タネがひょっこり帰ってきて、芸妓の試験に受かったことを聞き、おおいに喜んだのは言うまでもない。

久しぶりに実家で母たちと会話を交わすタネだったが、そのうちお客が食堂に次つぎにやってきて店が立てこんできた。客はタネを新しく入った女給と勘違いして親子丼など料理の注文をしてきた。さすがにタネも落ち着かなくなってきて「早く帰ったほうがいいから今日は帰ります。またそのうち来ます」と言い、都屋へとって返した。

帰りついてからタネは置屋のお内儀に「父母がよろしく申しました」と挨拶した。このタイミングでお内儀はタネに、主人が帰ってきたら何か話があり、八重子とお染もうち揃って相談することになっているからくるようにと言い置いた。もしや自分を「見世出し」させてくれる話かも知れないと想像を膨らませた。そして話し合いの時間を期待して待った。

そして夜も十一時ごろ、ようやく置屋の主人は帰ってきて、「試験も済んでみれば、私にとって初めての仕込みを、都屋から出してみたいと思うが、どうだろう」と、八重子とお染に相談した。仕込みというのは芸妓にするため諸芸を教えこむことだが、置屋の主人はタネに一から芸を教えこみ、見世出しという芸者デビューのお披露目をさせることを考えてくれていた。置屋が芸妓を一から鍛えておくり出すのは、過去にはなかったことなのかも知れない。

ともあれ一九一六(大正五)年はタネにとって激変の年だったが、自分の思い通りの展開になってきた喜びで胸がいっぱいだった。

[10]源氏名の八重丸

見世出しの話の出た翌日、「春田呉服店」の番頭が大きな風呂敷包みを抱えてやってきた。

ここで言っておくと、春田呉服店とは、二十一世紀の平成の現在も「ハルタ」というスーパーマーケットとして続いている店の前身である。全国津々浦々にある百貨店と同様、呉服店が時を経るほどに取り扱い品目を増やしていったもののようだ。

それはさておき、呉服店の番頭が「見世出しのお着物でしたら、別にお染め致しましょうか」などと言って広げて見せた品にタネは瞠目した。「どれもこれも、飛びつきたい物ばかり」だった。

目うつりするものばかりで、結局、着物の質も柄も染め方も、置屋のおかみとお染、八重子の先輩の芸妓に任せっぱなしだった。最終的に見世出しは紹縮緬に、単衣ものは九月中旬までに用意してもらうことにした。

また芸者になるのに見習い期間を一カ月は要するので、その間の着物と帯も注文した。見習い場所は「西海」と決まった。

そこまで決まると、あとは整髪だ。タネはお染に「とき」という髪結いのところへ連れて行ってもらった。客が数人待っていたが、ここで結髪の仕事をしている女性が新聞を読み、松井須磨子の舞台の鹿児島公演があることを話題にしていた。そして、「カチューシャ可愛いや　別れのつらさ」と口ずさんでいた。

松井須磨子は、一八八六(明治十九)年生まれの新劇女優である(本名は小林正子)。さらに言うと新劇とは、ヨーロッパ流の近代的な劇を目指す演劇のことで、松井は一九一一(明治四十四)年にイプセン原作の『人形の家』のノラ役で人気を博し、一九一三(大正二)年、演出家で戯曲家の島村抱月と新劇の芸術座を旗揚げした。そしてトルストイ原作『復活』のカチューシャ役で人気が沸騰し、テーマソングといえる「カチューシャの唄」はレコードにまで吹き込まれ、これが当時二万枚を売り上げる大ヒットとなった。しかし二十一世紀の今なお松井を有名にしているのは島村との新劇コンビのゆえであり、その妻ある島村との不倫のせいである。モラル的に今よりはるかに厳しい当時では、島村との不倫は大スキャンダルだった。一九一八(大正七)年十一月五日に島村が病死し、翌年の一月五日、松井が後追い自殺のような形で縊死を遂げると世論囂々たるものだった。

ところでふつうの評伝では、高校の日本史の教科書にも記載されているような松井須磨子などが出てくると「ハイ、皆さんご存じですネ。まさか知らない人はいませんよネ」とスノッブに黙ってスルーするのが通例だが、本書は著者が浅学菲才にして不勉強な人間ゆえ、勉強かたがたこのようにしっかり記述していきたい。なおついでにいえば松井須磨子は当時、整形美人としてもよく噂に上っていたようだ。整形外科手術が今より未発達の当時のこととて、術後の美貌の維持が困難で、松井はよく自分で鼻梁をいじっていたという。こういうことまでは、さすがに高校では教わらないと思われるが。

話は髪結いの場面に戻って、タネはこのとき「カチューシャの唄」を聞いていたが、これがのちに自分と切っても切れない曲になるとは、まだ知る由もなかった。

ともあれタネは髪結いで、左右に分けた髪を輪にし、頭の後ろの上のほうで結んで鬢(頭の左右側面の髪を膨らませた「桃割れ」にしてもらった。これは大正時代の当時、大流行したヘアースタイルだった。鏡の中の自分を見ると、ちょっと背伸びしてエイティーンぐらいに見える。髪型は我ながら美しく、自分で自分にうっとりした。

髪結い代の十五銭(現在の二千八百円に相当するが、平成の現在、女性が美容院へ行くと一万円ぐらいは平気で取られる。物価の時価換算はそう簡単ではない)を払ったあとは、タネは「西検番」と大看板のかかった建物へ行った。

検番が芸者屋の取り締まりと芸妓の斡旋、玉代の清算に芸妓の教育も行う場所であったことは以前に述べたが、大正時代の鹿児島市の市街図を見ると、検番のあった場所は平成の現在の「くろいわラーメン」か、郷土料理「若愛人」かのあたりになることがわかった。筆者はしょっちゅうそこらを通りながら、そこにかつて検番があったとは思いもしなかった。

ともあれ、タネはお染に手招きされ、おっかなびっくり検番の建物に入った。中は右側が三十畳の広間になっていて三味線の箱が五段に、何十あるかわからないくらいにかけて置いてあった。左側は事務所になっていて、置屋の主人も座っていた。お染がお座敷の時間を打ち合わせ、その日はそれで帰った。

置屋へ帰ると二階から八重子が呼んだのでそばに行った。

すると八重子は「よう結えた。今夜はな、首にしっかり枕を結わえて寝んことには、だいたい癖っ毛やねんな、だんだんようなるわいな」「お染はん、西海のおかあはん、明日から来てもええ言やはったけど、着物ができて来ななあ」

というわけでタネは春田呉服店に行くことになった。

タネは道すがら、頭上に手をやり、これまでの自分を変え落ち着いて、芸者の玉子として努力しようと思った。

店からの帰り途、「天文館通り」――二十一世紀の今も福岡の中州、天神、熊本の新市街、上通と並ぶ九州有数の繁華街である――を歩きながら芸者見習いに行く家はどこかと見回したが、結局わからなかった。通りは芸者たちも賑やかに話しながら歩いていた。そうしてその日から、タネは八重子の妹分となり、「八重丸」という源氏名をつけられた。

翌日には「西海」という揚屋(置屋から芸娼妓を呼び遊興する建物)へ芸者見習いで行くことになった。その夜入浴後、やはり髪が気になるので、鬢を上げて箱枕で寝てみた。明朝起きるとすぐに、頭に手を伸ばしてみた。枕から外れたようで鬢も髷も潰れていた。今夜は枕を外しませんようにと心中手を合わせた。夕方いよいよ西海へ出かける時間が迫った。店での稽古から帰ってくると、見習いに行くと踊りも大事だということで、八重子に踊りを習った。

そのころには既に、紫地に縞模様の着物と帯が届いていた。置屋のおかみからは、「八重丸さん、よく人のすることを見て、早くのみ込みなさい。西海は一流の芸者さん方が入る家で、西検一の大きな料亭ですからね。出しゃばらすに分からないところは八重子姐さんに聞いたり、仲居さんに尋ねたりなさい」と注意があった。夕方には着物の着付けに着手し、準備ができると階下へ降りた。

置屋の主人は「ほぉ」とにっこりし、励ましてくれた。八重子と一緒に玄関を出るときは、置屋の皆が総出で見送ってくれた。

西海は、天文館通りを横丁に入った場所にあり、入口は大きな門構えとなっていた。門を抜けると大きな玄関があり、仲居らが何十人も侍っていた。タネは小さい間口の横の入口へ回り、仲居詰め所へ行き皆に挨拶をした。それから揚屋の主人の居室へ行った。八重子につき従い、タネはお辞儀することしか頭になかった。

主人は、いい「旦那さん」をつくるように、それにはいい芸者になるようにしっかり修行しなければというような助言をしてくれた。ただし客商売の芸者の大原則として、相手の男性には本気では惚れないこと……そこまでわざわざアドバイスすることはなかったが。

さてその後タネは、おかみが頼み込んでいるお千代の部屋へ向かった。途中、左右に目を配り、綺麗な客間と大きな庭をうち眺めた。そうして仲居の詰め所へおずおずとして入り、畳に座った。

全員の目がタネに集中していた。鏡台の前で化粧をしている人が振り向くと、「八重丸さんやな」と言った。その声に頭をもたげてみると、タネと身体の大きさはほぼ一緒ながら、とてもおませで歳は少し上に見える女性がいた。タネは「はアよろしく」と挨拶すると、「すぐやさかい、待って」と声がした。するとそのうち、八重子がやってきて「お千代はん、どこやねん」「ここや姐はん」というわけで、この娘が千代であった。

八重子は化粧がまだのお千代に呆れたふうだったが、八重丸のことを頼んだ。お千代は、「うん、おてんばに仕込むさかいになあ」「何いうてんねんこの子」と八重子はまぜっ返したが、タネには「お千代はんを見習うたら間違いあらへん」と言い、その場からいなくなった。

お千代にサポートされ仕度が整うと、八重丸となったタネはいよいよ客間へ向かった。磨き上げられた廊下を行き、二階へ恐る恐る足を運ぶ。先導するお千代は上から笑って見下ろしていた。

そうして百畳敷きの大広間へ向かった。舞台があり幕が下してあった。広間を覗き見て、集まった客と芸者、仲居の数の多さに目まいがするほどだった。

いざとなったら八重子がいると考えるうち、少し心が落ち着いてきて、仲居が離れた配膳室から膳部を運んできて芸者連がリレーのように受け取る作業の手際のよさを見るともなしに眺めていた。そこへお千代が、「お膳が全部出てしもうて、お銚子を姐はんたちが持って出やはったら、わてと二人で出ましょ」と言った。じっくり出のタイミングをうかがっていたのだった。

先輩の芸妓は五人ずつ横に並んでお辞儀をした。それから客の前に順番に出て、客五～六人に芸妓一人の具合で座した。芸妓は総勢三十名である。うち十名は黒紋付の着物を着ていた。八重丸は婚礼かと思っていたが、やがてその十名は姿を消した。

八重丸とお千代はお銚子を持って客達のところへ行った。そうして八重丸はお千代にならってお酌を丁寧にして行った。

膳が引き下げられたころ、舞台の幕が開いた。舞台には先ほどの黒紋付の女たちが居並んでいた。唄うたいが三名、三味線弾き三名に太鼓たたき一名、鼓一名というメンバー構成だった。唄三味線が奏され、それが済むと踊り子が二名出てきて太鼓と鼓の囃子も入り、二十分ほど上演された。その後十分ほどの中入りがあり、それまで唄三味線を奏していた女たちが踊りをやり出した。その後は若い芸者連が登場し、ベテラン勢が三味線で磯節、相撲甚句(七・七・七・五の四句からなる盆踊り歌)、おはら節と余興が繰り広げられた。

黒紋付の女たちは少しの間お酌をやっていたが、次第に一人も見られなくなった。余興に騒いでいた客もだいぶ減っていた。八重丸はお千代に導かれて今度は奥座敷に向かった。

座敷には三人の客がいた。

「この人、玉子ですねん。八重丸さん言うて、九月一日から見世出しですねん。ご贔屓に頼んまっせ」とお千代が客に紹介すると、客たちは、「おはんな鹿児島人じゃナ」「どこん生まれな」八重丸が東千石町の生まれですと返答すると、三人は「珍しいナ」と笑っていた。

鹿児島の遊里にいる芸者の大半が県外、とくに関西出身である事情は以前述べた通りである。

ところでこの間、お千代は、「明書」として芸者名と置屋名を書かれた紙をもとに客が指名した文子、照千代、若菊のスケジュールを聞いて戻ってきた。二人は「もらい」の時間が来ているが、一人は一時間半ぐらいしないと戻ってこないということだった。一人はそれでもOKということになり、さっそく文子と若菊がやって来た。十八〜十九歳ぐらいの綺麗な女性たちだった。

文子にどこの見習いかと聞かれ、八重丸が返答すると、「あー、敬吉兄さんの家だんナ」

これに客の一人が、八重丸は九月から「今晩は、おおきに」と出るそうなので、「来年の今頃になっみやんせ、おいどんたち、鼻もひっかけやはんど(来年の今頃になってみなさい、あなたたち、鼻もひっかけなさらないですよ)」と言った。これには八重丸自身も大笑いしてしまった。

そうこうするうちお千代が八重丸を呼びにやってきた。庭の向こうの離れに行き、庭下駄を履いた。次に目指す座敷は風流に池の上にできていた。下には大きな緋鯉や真鯉が泳いでいた。その座敷の客は、かなりのご老体だったが、酒を飲んでいるとも思えないのにてかてか光った赤ら顔の人物だった。

老人は「念入りに掃除をしやったと見えて手が荒れちょんな」「こいから、よか芸者さんにないやらならんで手を大切にしやんせ(これから、いい芸者さんにならないといけないですから手を大切になさい)」と八重丸に言った。続いて老人は「いつから見世出しな」八重丸が「九月からです」と言うと、「おはんな鹿児島の人らしが、どこな(あなたは鹿児島の人らしいが、どこの出身ですか)」「東千石町です」と八重丸が答えると、「市内じゃな、鹿児島から芸者が出たちゅうのは、おはんが初めてじゃなかろかい(市内ですね。鹿児島から芸者が出たというのは初めてじゃないでしょうか)」「一日には、おはんを呼んであげもんど(一日には、あなたを呼んであげますよ)」八重丸は「おおきに。きっとごあんど(有難うございます。必ずですよ)」と言い、老人に丁重にお願いした。

それから老人は八重丸に、またふと思い出したように聞いた、「そうそう、名前は決まったとナ」「はい、八重子姐さんの妹で八重丸です」

すると老人は「ほー、よか姐さんを持っちゃしたなー、芸はあるし、大人しい、優しい人じゃろがナー」と言った。いろいろと詳しい人だと八重丸は感心をした。

そして老人は芸者には照千代をリクエストしていたが、なかなかやって来ない。そのうちにお千代が戻ってきて言った、「照千代はん今晩駄目だっせ、あの人、約束やないと、なかなか来てもらえまへんね」「そんなら二、三日したら昼間来もんそ」

これにお千代が「そうおしやんせ(そうなさってください)」と言うと、老人は帰り仕度を始めた。

八重丸は老人を玄関まで見送った。その後、八重丸は仲居部屋に腰を降ろした。

ベテランの仲居が「初めてで疲れなはったやろう。もういんでもええやないやろか。帳場で聞いてあげますわ」

仲居と交代にお千代が入室してきて「もう敵わんワ、どうや八重丸はん少しわかったやろ、離れの爺じ、何とか言やはらへなんだ」

「いいや、何をな」

「ほんならええ、もう今日は居んでもええわ」「帳場はんも、ええやろと言わはったさかい、さいなら言うて来なはれ」

八重丸は帳場や近辺の人たちに暇乞いをした。仲居部屋の皆にも戻ってから挨拶したが、とりわけお千代に感謝の眼差しを向けて、「今日はおおきに。明日またよろしくお願いします」と言って玄関を出たときは、時計の針はもう十時を回っていた。

[11]大正時代の鹿児島エンタメ事情

ここでがらっと変わって天文館の話をしてみたい。今でこそ天文館は南九州一の盛り場だが、ここがそうなったのは人の集まる映画館(活動写真館)ができてからだ。天文館の語源は、ここに薩摩藩の天文台があったことから来ているのは確かだが、明治二十四年以前につくられ、奇術の上演なども行われた「千石馬場定席」のあとを受けた、一八九四(明治二十七)年には既にあった「天文館定席」から一般的に呼ばれ始めたようである。この館では一八九五(明治二十八)年に日清戦争の幻灯会が催された。そして日本初の活動写真常設館は一九〇三(明治三十六)年につくられた浅草の電気館だが、当地では一九〇四(明治三十七)年以前からあった寄席の万栄座が一九一一(明治四十四)年に世界館と名を改め、ここが鹿児島初の活動写真常設館となった。

活動写真は当地でも人気が沸騰した。一九一三(大正二)年にはメリー館ができ、一九一四(大正三)年にはその後身の喜楽館がつくられた。この館はそのころ、市内で最も人気のある活動写真館だった。八重丸も当時この館をご贔屓にしていたようだ。一九一七(大正六)年には菊池幽芳の人気小説を日活向島(小口忠監督)、天活(川口吉太郎監督)、小林商会(井上正夫監督)の三社で競作して映画化した『毒煙』のいずれかのヴァージョンが喜楽館でかかっているのを目にとめていたようだ。またこの年にオープンした帝国館では、アメリカ映画でロバート・Z・レオニード監督の連続活劇『マスター・キイ』が上映されていた。

それはさておき、芸者デビューを無事に済ませた八重丸は、翌日は朝まで熟睡した。そして順調に日を重ねていたが、その年の八月に松井須磨子がいよいよ鹿児島座で上演することになり、観たくて堪らなかった。だが芸者になりたての彼女は、置屋の女将に休みを申し出る勇気などあろうはずもなかった。

八重丸はお千代には観劇したいという正直な胸の内を明かした。するとお千代は、「わてが途中で客の弁当を取りに行くさかい、その前に、鹿児島座の入口に立っていなはれ、出て行くときにこの札渡すさかい。一幕でもええやろ、話の種にナ」

ということで八重丸は七時半ごろから劇場の入口の辺りをうろちょろしていたが、お千代の姿を見つけられなかった。時計の針はいつしか八時近くになり、八重丸は心苦しくなって木戸口に近づいた。するとお千代がさっと木札を渡し、出て行った。八重丸は退出しやすいよう、入口に近いところに立った。舞台は牢獄の一場で、あばずれ女が毒づき、カチューシャの唄が歌われるという名場面だった。

八重丸はそろそろお千代が来るころだと思い、後ろ髪引かれるような気持ちで木戸へ出た。そこには済ましたようなお千代の姿があり、彼女は、「よかったやろ、これで我慢しいや」と告げた。八重丸は観劇できて感激だったが、口惜しいのは中途からなので、筋が全然分からなかったことだった。けれど好きな歌が聴け、松井須磨子も拝めたのは嬉しい限りだった。

さてそうするうち、いよいよ九月一日のお披露目の《見せ出し》の日が翌日に迫った。先輩芸者の八重子からは扇袋、化粧袋、帯が下がらないようにするための布である帯あげの総絞りなどを、お染には高い鈴のついたこっぽり(ぽっくり下駄)を贈られた。ほかの者からもいろいろな贈り物をされた。翌日の段取りを決め、八重丸が寝入ったのは夜も遅くになってからであった。

[12]見世出しのころ

そして迎えた九月一日当日、八重丸は五時ごろ起床し、お時に「孝行のつもりで」風呂掃除をし、水を張るだけにしておいた。そのうち春江も起きてきて、「今日はおめでとう。見せ出しまでには戻れそうもないけど、仕方がないわ。綺麗な芸者さんができるでしょうね」と話しかけた。

八重丸は春江と朝食を済ませたのち、近所の金光教へお参りに行き「どうぞ売れますように。小川町の家も繁盛しますよう。お力添えください」と願掛けをした。そのあと置屋へ帰った八重丸は、再び出直し、髪結いに出かけた。

髪型は八重子が頼み済みで、高島田に結われた。結髪が終わってから手鏡で前後左右を覗くと、頭の髷の上には金銀、紅白の紐が数本立てて巻きつけてあり、自分でうっとりするほどだった。

置屋へ戻ると女将がすぐに頭髪に目を留め「やっぱいねー、芸者さんらしゅ見えもんが(やっぱりねえ、芸者さんらしく見えますね)」と言った。そうして背が高いし「二つばっかい、おせに見えもさ(二歳ばかり大人に見えますよ)」とつけ加えた。また置屋の主人も「八重丸は幸せもんじゃ。しっかいやらにゃね(しっかりやらないとね)」と励ました。

八重丸は髪を濡らさぬように肩を出して風呂に浸かり、上がってから髪を整えお白粉をつけて化粧をした。口紅をつけ、眉毛も端をぼかしラインをつけた。

料亭へ出かけるには時間があったので置屋の主人の部屋に行くと、女将から、「変われば変わいもんじゃ（変われば変わるものだねえ）」と言われた。そういう女将も嬉しげだった。

そして主人の部屋には、染めた手拭いが熨斗紙に包んであった。開けて中を覗くと、八重子の妹分としての《八重丸》の名が染め抜いてあった。西海への引き出物用にそこには十ばかり積み重ねてあった。女将からは縮緬でつくられた五所車模様の手提げ袋を贈られた。これはあとで中に化粧道具を入れるのに用いた。そして金襴の袋に扇、花の櫛、大きいくす球の簪、後方には大きい蔦の紋の入った平打ちと「まるでお姫様のよう」だった。

八重丸の見世出しにつき従う八重子とお染の準備もでき、八重丸も仕度を整えた。肩には波に千鳥の絽縮緬をかけられた。晴れ着を着込むとき下着を着けるのが大変だったが、八重子とお染も着付けを親身に手伝ってくれたお陰で何とか着付けられた。

時刻は午後一時を過ぎていた。八重丸は履き慣れないこっぽりを履いて、八重子とお染にもついてきて貰って出かけた。そうして得意先を十数軒回った。付き人をやってくれている女性が「八重子姐さんの妹八重丸さんです。どうぞよろしく」と大声で告げて回った。

最後に西海へ向かった。揚屋の玄関には知り合いの顔が多く並んでいた。

「よろしくお頼み申します」と八重子が言い、先輩芸者二人も丁重にお辞儀をした。

帳場へ向かうと大勢が詰めかけてきた。女将が「おうおう、綺麗にできましたな。おめでとうさん」と言えば、主人が、「十七位に見える。女は化け物じゃナ。よか旦那さんば、とりもたなならんたい」と言い、これには皆が大笑いした。八重丸は何と返答してよいやら分からず、取りあえず「はい」と答えた。

それから女将の命じるままに奥の部屋に入ると、座敷には小鯛の尾頭付きの膳部が三人分並んでいた。八重丸は真ん中に、八重子とお染は左右の座に着いた。女将らが近寄って銚子を出し「さあ、お一つ」と勧めたので、まず八重丸から頂戴した。八重丸は何年振りかで酒の味を十分に味わった。また料亭に着く前から空腹だったので腹の虫が鳴ったが、料理にはほとんど箸をつけられなかった。「大きな帯で締め付けているからだったろう。それに、お酒のせいだろう」と当人は述懐している。

八重丸は八、九歳のころ父の焼酎を買うお遣いに出かけ、焼酎ってどんなものだろうと帰途、手のひらに少量出して、ぺろっと舐めてみて美味しいと感じた。けれど帰宅すると酔ってふらふらした。そして後日、また遣いに出されるとまた呑んだ。徐々に好きになってきて、しまいには誰も見ていぬ間にお猪口で一杯飲った。飲んだ分は焼酎の瓶に水を入れておいた。でも夜、父が晩酌をしているとき、水増ししたのがばれはしないかとドキドキした。けれど結局何もなかったので安堵した。つぎにお遣いで焼酎を買って帰ったときには二杯ちょろまかした。その次は三杯と、数が増えていった。三杯こっそり頂いたときには、父に「この頃の焼酎は水くさい」と言われた。「五銭のじゃなかろう、四銭買って一銭ちょろまかしたナ」と言われた。そのときはただ笑って誤魔化すばかりだった。

ひとしきり自分の回想に耽っていると、「もう四時やナ、着物を直したほうがええナ、あとで仲居部屋にいててや」という八重子の声が聞こえた。「へい、ごちそうさん」、いっときも早くに帯などを緩めたかったので、八重丸だけ先に部屋を出て行った。

部屋から出直して、十五人ほどの小宴会のお座敷に出た。芸者は八重丸とあと二人に、八重子とお染と舞妓の六人だった。はじめに舞妓が踊ってから、八重子の三味線とお染の唄で地唄の「夏はほたる」を踊った。地唄とは上方(京都および畿内)を中心とした地方で盛んになった三味線音楽による唄のことである。八重丸は踊るまえ、度胸つけの有名なまじないで、手の平に「人」の字を書いて吸うあれをやった。以後この行為が癖になっていった。

踊り終わって酒を相伴していると、検番からの知らせで人力車がやってきた。それに乗り、座席で前のめりになりながらも錦光亭へと向かった。揚屋の帳場で帳面に、来た時間と名前を記入した。お座敷の時間は三時間で三円五十銭(現在の約五万円ぐらい)、西海より低賃金で、建物も小ぶりのうえ座敷のつくりももう一つだった。客の質も落ちるようで格下の場所と八重丸は踏んだ。

座敷には芸者が照千代、高千代も来ていて、初めての自分の座敷で不安だった八重丸は同席してくれる喜びに嬌声を上げた。これには客にも笑いが起こった。笑いは八重丸にもフィードバックして、笑顔を振りまき客にお酌をするのだった。

そうするうち今度は河内屋に回ってほしいと仲居に声をかけられ、今の場所から数軒先の河内屋へ着いた。そこの座敷をこなしたあと、西海へ戻った。それからもう一軒、揚屋を回ったあと、置屋に戻ったのは十一時半だった。皆がねぎらってくれたが、八重丸は置屋の主人夫婦と、戻ってきた八重子とお染にお礼を言ったあと、くたくたに疲れて床に入った。

そして翌日から二、三軒の料亭を回る日々が十日ほどは続いたが、その後は一軒、それも西海が殆どだった。しかも九月下旬には三日間、ただの一軒もお座敷がかからぬことさえあった。十月には一日仕事が入ると三日呼ばれぬことがあった。呼んでもらったところで西海だけで、その西海にしても八重丸は芸者見習いの身の上なので、台帳に「出」の字になっていないと帳場のほうで無理矢理座敷へ押し込む塩梅だった。「お座敷に座っていても、お客さんを遊ばすすべも知らず、ただとっくりを手から離さない。空になればお帳場へもらいに行くしか能が無い」「三味線も持った事は無い。まして一度も誰も弾いてくれといわないのに、弾くわけにはいかない」というわけで、客より先に八重丸本人が嫌気がさし、周囲に決まり悪さも覚え、夕方に金光様へのお参りを欠かさぬありさまだった。

そんな日々をおくっているうち、置屋へもう一人芸妓が来ることになった。十日ほどしてお目得した八重丸より一歳上のその娘は、すでによそでかなり芸者修業を積んでいた。そして地黒だが目鼻立ちの大きい顔立ちで、肌理の細かい肌をしており、本式に芸者になったら売れっ子になるだろうと八重丸でさえ思ったほどだった。娘はお染の妹分で小染と名づけられ、置屋へ来て三日目に芸妓の試験に合格した。八重丸は明るい性格の小染とたちまち仲良しになり、夜は同じ一つの蒲団で寝るようになった。

小染の見世出しの日は先輩顔して何くれと世話を焼いたが、親友であるいっぽう敵愾心も湧いた。

そこで小染に負けないよう芸事も精進しよう、座敷で客に喜ばれることをやろうと考えた。そうしてお酒を飲めるようになり、ナンコも覚えようという気になった。ナンコとは鹿児島で古くから酒席で行われている遊戯(「何個」から来ていると思われる)で、杉箸を握って差し出し、相手にその数を当てさせるものである。当たらなかったほうはそのたびに酒を飲むことになる。

錦光亭からお座敷がかかると、待ってましたと出かけ、野球の試合の帰りの二次会らしい七高(現・鹿児島大学)生の座敷に上った。芸妓は若い娘ばかり四，五人で、七高生は十人ほどで、彼らにナンコをすることを持ちかけた。だが皆相当きこしめしているようで、校歌を歌って拍子を取っていた。また芸妓の肩に肘を置いてビールを呷っていて、ナンコなど無視でビールの入ったコップを寄せつけられた。

八重丸はイッキ飲みした。そしてビールって何て苦いものだろうと思い、コップを返して暫し目を閉じ、胸を押さえた。だがこんなことでどうする、どのくらい飲めるか自分を試してみようという気になった。飲みっぷりがいいということでまたコップを差し出された。今度はイッキ飲みせず、少しづつ飲んでみた。するとたいそう愉快になった。

一時間ほどで七高生たちは帰って行った。八重丸は検番へ行き時間を記した伝票を渡したが、あとはすっかり千鳥足で置屋へ戻った。そしてふわふわと夢心地で床についた。朝起きて八重丸は、それまでは夜通し飲んで朝まで騒ぐとは、一体どんなことをしてそんなに長く飲みつづけられるのかと思っていたが、実体験でどんなものか得心できたのだった。

[13] ホップ・ステップで南検へ

八重丸がへべれけで帰り目覚めた朝、見ると小染は泊まりがけでまだ帰ってきていなかった。小染の忙しいのが羨ましかった。だいいち小染は身ぶりがとてもしなやかで女らしいのに、自分はむしろ男まさりなところがある。

ある日、小染に「あんたお国どこ？」と尋ねると「神戸、こちに来て十年くらい」とのこと。さらに「どこで仕込んでもろたん？」と問うと「南検に、仕込みで一年くらいいたけど、試験にうるさいとこやし、心配やし、それにお母はんが少しお金が入ることもあったもんやで、こっちの家に来たんよ」ということだった。

そう聞いて「へー、そんなにだいもん（大門口）は芸のやかましとこ」と八重丸は聞いた。

鹿児島には当時、南検、西検と二つの検番があり（大正十四年には「中検」もできた）、八重丸のいた都屋があったのは西検（現在の東千石町付近）で、南検は大門口にあった。ここは平成の現在でも同じ呼ばれ方をしている。錦江湾（鹿児島湾）にほど近い場所にあるので海の玄関口での呼称のようにも思われるが、江戸の吉原遊廓に由来している。この日本史上でも名の知られた遊廓では一六五七（明暦三）年に大火があり、そのとき元吉原から新吉原へ移ったが、その新吉原の一つの出入り口が大門口と呼ばれた。それにちなんで同様に呼ばれたようだ。

そしてこの場所が、島津家第二十五代藩主・島津重豪が薩摩藩士の無聊を慰めるため、藩政整備の一つとして関西から一流どころの芸者を集め遊廓が設置された土地だったことは先に記した。もうひとつつけ加えれば大門口は、芸妓たちは「南検」と呼称していたが、以前は庶民には「だいもん」とも気安く呼ばれていたらしい。二次大戦後はその場所にあった花柳界が廃れたため、平成の現在でそう呼ばれることはなくなってしまったが。

ともあれ大門口は鹿児島の花柳界で一番先に整備され、一流の芸妓が集まっていた場所だったので、八重丸は「その南検で、みっちり芸をやりたい気持になった」ようである。それは例えば昭和のある時期まで、浅草の芸人が丸の内の舞台に立つのを夢見ていたようなものと言えばいいのだろうか。

南検の検番の建物の上の階には大きな舞台があり、芸者の五十〜六十人ほどに舞踊に三味線、長唄、常磐津、清元などを教育するということだった。八重丸が習得していた曲は短いものしかなく、不満を覚えていた。それに八畳間の狭い場所に芸者見習しかおらず、先輩芸者の踊りや唄も、自分と大差ないようにさえ思えていたのだった。

そこで八重丸は小染に尋ねた、「何ていう家に居やはったん?」。小染は「京屋という家や」と答えた。「せっかくそんなええところにいて、もったいない、私もそんなところで勉強したいわ」と八重丸。「鞍替えしたら、ええやないの」と小染。「十年間は都屋で動くことならんようになってるのよ」と八重丸。これを聞いて小染は「へー、そんな契約あんの？　わてら五年で八百円で来たわ。

あんた十年で幾ら借金した?」。これに対し八重丸は「百円よ、もっとも芸もなかったよってに」、するると小染が言った、「あほらしい。それにしたかて、ちょっと安いわ」。

八重丸は小染と熱心に話し込んでいたが、小染にお座敷の声がかかったのでそこで話は途切れた。そして八重丸は十年間も燻ってはいられない、何とか南検に鞍替えしようという強い決意が湧いた。そうなるとアクションは早い。翌日、稽古の帰りがけに小川町の実家へ行き、まず父の正義に相談した。鞍替えには父は難色を示したが、八重丸の熱心な話かけに、いちおう置屋のほうに今夜談判してみると言った。

置屋へ戻ると、女将やお時に顔色が悪いと告げられた。具合が悪いので、と二階へ上がると、八重子に、最近ちっとも活気がないが、心配ごとでもあるのかと聞かれた。そしてことと次第によっては相談にものるので遠慮なく悩みを話してほしい旨のことを言われた。そのため八重丸は秘めた思いを漏らすことになった。八重子も暫しの間、声に詰まった。自分の心構え一つで場所を変わらなくても、勉強しようと思えばできることだ、と八重子はアドバイスしたが、もはや八重丸の気持ちを変えることは不可能だった。

「ほんなら、もうわての言うことあらへん。よいようにしなはれ」八重子はこう答えるより他なかった。

その夜、父の正義は都屋を訪れ、置屋の主人に、わが子はどのように宥めても聞き入れるような子ではなく、一度言い出したらどこまでも貫き通す。親の自分もどうすることもできない。契約の件もよくわかっていながらこんな我が儘は申し上げられないが、何とかお考えいただけないかというような相談をした。置屋の主人は即答できず、二、三日考えてみる、それに組合の規約もあるので組合のメンバーにも諮ってみるというふうに返答した。

四日後、話がまとまり、契約金の損害賠償として二百円を八重丸側が支払うことになった。また南検の落ち着き先が決定してからいったん廃業というかたちをとることになり、話がついたその日に、八重丸は、八重子やお染に見送られながら都屋を後にした。

そして都屋に働きに出る際、労をとってくれた鯵坂邸に寄った。さっそく鯵坂は南検で置屋をやっている山本という男に話を通してくれ、とんとん拍子に話は進み、五年で五百円の身代金で、金と契約書を山本から受け取り、八重丸のほうは謄本を渡すことになった。山本の置屋「松屋」に八重丸が訪れた日の晩から、八重丸はこちらに居させて欲しいと頼んだ。山本は諒解し、八重丸は父の正義と二人で荷物を運び込んだ。

そして山本から「八重丸やったかいな」「今度は、わしが名前つけたる。気張った名前のほうが人が忘れんよってにな、成金ちゅう名はええわ」「芸者成金で、よろしゅうおまっせ」と八重丸は笑って答えた。

こうして八重丸は先輩芸者の千代治の妹分として「成金」の新たな源氏名で南検の芸妓として再スタートした。ときに一九一六(大正五)年十二月十五日、以前の西検番で見世出しをしてからわずか三カ月後の電撃移籍劇だった。

[14]成金から千成へ

その南検の芸妓は一五〇名もいて、まさに大所帯だった。大半が関西出身者で占められ、東京出身はほんの五名ほどだった。成金のような少数の地元出身者も関西弁を遣わざるを得ないのだが、それは東京出身者とて同じだった。東京出の者はさらに鹿児島弁ともチャンポンになった。芸妓に華やかな県外出身者が軒を連ねれば、中央の政治家、実業家に作家など、著名人が来鹿したとき宴の座敷に呼ばない者はなかった。

十五日に「成金」としての二度目の見世出しも無事済んだが、座敷では客のあいだで「成金」とは面白いと話題が持ち切りだった。客に呼ばれるまま座敷に姿を見せると「芸者成金が来た。枕金が溜まったのか」と揶揄されること頻りだった。そんなことが連日のごとく続いたのでほとほと嫌気がさし、来年一九一七(大正六)年の正月から再び改名して貰えるよう置屋の主人に願い出た。泣いて頼むほどだった。

願いは聞き入れられた。ただし全部変えれば親しみがなくなると諭され、「千成」に変更された。これにはせんなり瓢箪(小さい実が数多く群がりなる瓢箪)を思い起こすので客に覚えてもらいやすいという置屋主人の考えもあったようだ。ともかく成金よりはましかと思い同意した。

千成を襲名してからは、からかわれることもなくなった。地は紺色で、菊に紅葉の絵を散らした紋付に、赤に緑の色合いの対になった波形曲線で、中央が膨れ両端は窄まった形を連ねた立涌《たちわき》の図柄による帯を締めて見目も華やかさを増していた。

南検で初の正月、千成は写真店へ行き、写真というものを生まれて初めて撮ってみた。南検に移ってきてのこのころから、いろいろと強気になってきた。酒も二、三本は楽に飲め、「おてんば」と言われることもよくあった。酔って「雨しょぼ」を踊り、舞子さんのお株を奪ってしまうようなこともあった。

「そんな千成だが七高生も贔屓にしてくれた。そんなころ「岩戸」という揚屋からお呼びがあり出かけてみると、幾度か贔屓にしてくれた谷川が一人でいた。差しでの話があるようだが、このときは表情が薄気味悪かった。半時ほどすると、目の色が変わってきた。千成は用心し何とかこの場をやり過ごそうと考えていると、いきなりつき飛ばされた。そうなると必死の抵抗だ。声を上げるのも憚られるので黙っていたが、腹が立ってきた。突き放して庭へ降りようとしたが、襟元をつかまれ倒された。万事休すである。

そこでついにあらん限りの声を出すと、人の足音が近付いてきた。それでようやく放されて、命からがら逃げ帰った。

夜、この一件を先輩芸者の千代鶴に語った。すると後日、千代鶴は谷川と宴会で会ったとき、満座の中で恥をかかせ、千成の敵討ちをしてやったとのことである。

その後、千成は、今度は西海で会った老人「オーサン」と座敷を持った。オーサンは千成に、南検に来ていっそう美しくなった、旦那ができるとまだ綺麗になる、自分が綺麗にしてあげましょうかなどと千成の嫌がることばかり言った。オーサンは千成の水揚げのことを気にかけているようだ。しかし千成は、幼時の小林での金ちゃんや谷川と、どうしてこうも男は口説いてくるものなのかと首を捻った。

オーサンとはそのあとも会ったが、特段変わった様子もない。それで安堵していたが、ある日、まだ陽も沈まぬ早い時間に紫明館からお座敷がかかった。しかも普段着で結構とのことだったので羽織がけで出かけた。帳場で離れの間と聞いて足を運ぶと、オーサンが今日は二人で夕食を一緒にといって早くから見えたことを仲居から聞かされた。何やら胸騒ぎがしたが、笑顔を振りまくことに執心した。そして二人分の膳が並べてある部屋に入ると、オーサンが、「さあ千成さん、その盃を持っちゃんせ（お持ちなさい）」と言い、酌をしてくれた。千成は返杯し、暫くぶりにナンコをしようということになった。

オーサンはその前に入浴することになった。「ナンコに負けて酔っ払うと入れんじゃろ」という理由からである。オーサンの入浴中、千成はナンコの手つきを練習した。そのうちオーサンは風呂から上がってきたが、その顔はますます赤らんで光っていた。

膳の物を少し口にしてから、ナンコをした。対局は暫しのあいだ続き、そのうち酒も入り、千成は帯揚げだけを緩め楽にして、再び膳の料理を口にした。

それからナンコの勝負の続きに熱中した。二、三局、千成の負けが続き、そのたび酒を飲むことになり、さすがに喉が渇いて水を持ってきてもらおうと電話の近くへ行った。そのときオーサンから隣りの部屋に押し込められた。部屋には用意おさおさ怠りなく、寝床が敷いてあった。

「私はそうとう暴れたようだ」と自叙伝には綴られている。千成は気がついて辺りを見回すと、そこは置屋のおかみの知り合いの家の奥座敷だった。枕のそばには医師も立ち、総勢七、八人が千成を心配そうに見守っていた。

おかみは「わかるか、わかるか」と再三呼びかけてきた。

いったい自分はどうしたんだろう、そう思ったが、医師は、「女になったんだよ。心配しなくてもよい」と語りかけてきた。そして千成が気がついたのをしおに、医院へ戻って行った。

残された千成だが、どうも腰の辺りが普通じゃない。便所に行きたくなり動いたが、たちまち出血した。その夥しい血を見るとまた頭が変になった。

自叙伝でこの辺りの記述を読むと、どうやら客に初めて手込めにされた日が初潮間近だったことになる。筆者は千成と性差があるのでよくわからないが、相当不快なものだったのではないか。彼女が「そうとう暴れ」て「頭が変になった」のも無理もないと思われる。

廓での芸娼妓は、生理日には最低一日は休みを貰えることになっていたものの、千成は、それから十日間は絶対安静を余儀なくされた。茫として過ごしたが、三月一日にはあちこちに赤飯が配られた。このことで南検の一部の者には千成の体の秘密を知られてしまったようだ。そういうこともあって千成は二度とオーサンの顔も見たくなくなった。それにあんなことまでして親孝行はしたくないという気持ちが強かった。

その後、半月ほどして医院に行くと医師から、「何だ、鹿児島女がそれくらいのことに、くよくよするな。みんな一度は通る道だ」と言葉を投げられた。そう言われてもと困惑する心持ちだった。それに体調がすぐれず、気分もまだよくない。医師の見立てでは初潮の前だったうえ「そうとう暴れ」たのも原因ということだった。

医院の帰途、小川町の実家に行った。そして母チカには二、三日前から初潮を迎えたことのみ話した。チカは「女はあたり前だ」、自分は十四歳ぐらいのときだったと己の体験談を詳細に話してくれた。そして千成は、その日からお座敷に上がる仕度のために置屋へ戻った。さすが立ち直りは早い女性である。日毎に心身回復し、舞踊や三味線の稽古に精を出した。冬の寒い日に物干し台で大声で歌って寒稽古をしたり、海岸の堤防へのぼって波の音と競ったりして喉を鍛え上げた。

こういう地道な努力も幸いしたのか、千成にはよくお座敷がかかるようになった。

しかしそれにつれて、やはり旦那というものがないと芸者はやっていけないと思うようになった。オーサンの一件から千成は旦那、いわゆるスポンサーを持つのを拒んでいたので、着物代などの費用は自腹で賄うよりほかなかった。

花柳界の季節行事で、芸妓の芸と技の競演会である温習会が間近に迫っていた。だが会に着ていく着物の仕立てもままならず、たちまち三百円の借金をこさえて返済に思い悩むことになった。親孝行など思いも寄らぬことで、それどころかチカに無心をする破目になった。チカは可愛いわが娘にお金を渡しはするが、しょっちゅうだとさすがにいい顔はしない。母に無心に行くたびに、千成はチカから、オーサンになぜ見てもらわないかと聞かれることになった。若い客では面白いだけで金にはならない。やはり年配者でなければ駄目だというようなことを再三母から聞かされ、千成は肩身の狭い思いをすることとなった。

それはある意味で、千成自身も実感していることであった。七高生五人組によく座敷に呼ばれるようになっていたのである。この五人組、渾名で呼べばスーサン、マーサン、ヨーサン、サーサン、ヤーサンということになるが、財布の中身の持ち合わせが少ないとはいえ、気の置けない、確かに「楽しい」面々だった。彼ら五人は千成と、ほかの芸者の歌子、文子、小高、小蔦と毎度のごとく座敷を一緒にしているうち、例えば古いが昭和のテレビの人気番組『プロポーズ大作戦』のように誰と誰というように自然とカップルが出来上がった。そして五人が五人と気持ちよく逢った。そして七高の校歌を歌ったり、当時流行していたチャールストンの踊りを覚え、ヨーサンを教師に見立てて歌を歌ったりしたものだった。ヨーサンはマンドリンも弾くなかなかの芸人だった。

千成たち芸者が七高生と昵懇だった証拠に、ときには千成たちが七高生のめいめいの下宿へ行って、着物や袴を畳んで置いて帰ってやったほどだった。当時の学生は勉強はさほどでなさそうだが、野球と遊里通いには同じくらい励む、心底楽しい者たちだった。ただ金の持ち合わせが少ないのだけが、玉に瑕だった。

そして一九一九(大正八)年四月二十日、温習会の日がやってきた。千成は初参加だったので、技芸の披露を精神集中して行った。千成は無事に会を切り抜けたが、そうなると今度は借金のことが気になってきた。

そんな五月のある日、千成を最初に西検番へ紹介した鯵坂と道で久しぶりに出遭った。鯵坂は温習会を見たと話し、やはり南検だけのことはあると感心していたが、そのとき台湾で働く芸者を探しに来ているという人物と同席していたとのことだった。そしてその人物は千成のことを気にかけているという話だった。

その話を聞いて千成は鯵坂に、その人物はまだ鹿児島にいるのかを聞いた。すると鯵坂は「まだ、さつま屋旅館においやんど(いらっしゃいますよ)」

千成は「逢わしとくれやす。このさい台湾へでも行かんと首が回らしまへん」ということで千成はさっそく「さつま屋旅館」へ行き、その人物と会った。一人ではなく複数いて、六十代後半の年配の男と、三十代なかばの太ってはいるが結構な美男の夫と、額の広い美女の妻の主人夫妻だった。台湾で「高砂」という置屋を経営しているとのことだった。年季と給与について聞くと、給与は四年で千五百円だという。この複数年の契約料は、鹿児島から二人、熊本、宮崎、長崎の者で合わせて八人の台湾渡航希望者総計十人のなかで、千成以外誰も達した者はない額であることを知らされた。千成は翌日までに返答する約束をして、実家の小川町に向かい、父の正義に渡航の許しを乞うべく談判した。

これに対し正義は「まだ半年も経たないうちに、また我が儘を言って俺を困らせるつもりか。しかも台湾へ行こうなどとはもってのほか」と反対した。だが千成も負けない。「お父っちゃん、あたいがおなごじゃっで台湾で済ませもんどんなー、男ならアメリカかイギリスへども行くかも知れもはんど（お父さん、私が女ですから台湾で済ませますが、男であればアメリカかイギリスへ行くかも知れませんよ）。四年したらきっと戻って来もんで、すぐ四年位経ちもさを。三百円（現在の約三百万円）くらいはお父ちゃんにあげられもんで。そんなら少しでも家が助かりもんどが（四年したらきっと帰って来ますから。すぐに四年ぐらい経つじゃないですか。三百円ぐらいはお父さんにあげられますから。それだったら少しでも家が助かりますでしょうに）」

娘の言うことを聞いていた母のチカは言った、「お父ちゃん、おタネどんが言い出したら、聞きゃあしもはんど。その借金を返すめどがないとなれば、この際そうするより仕方がごわはんなー（お父さん、おタネさんが言い出したら聞きはしませんよ。その借金を返す目処が立たないなら、この際そうするより仕方がなさそうですね）」

かくて、ようやく千成の台湾行きの父の許しが出た。そうとなると正義は鯵坂との詰めの話し合いに加え、置屋の松屋へのとりなしも労を惜しまずやってくれた。置屋のほうでは「自分の子供でもなし、引き止める権利は無し、借金もきれいに返すとあれば、こっちも何にもいう事はないと」何のいやもなかった。

こうして千成の台湾行きが本決まりとなったが、渡航の前日の一九一九（大正八）年五月二十四日の午後、七高生のヨーサンが千成のもとへひょっこり訪れた。千成の台湾行きを聞き、学校を休んでまで千成の実家を探し回ってきたようだった。話もあるからちょっと外へ出て欲しいと真剣な表情で頼んできた。

言葉に応じて表へ出て、一緒に歩きながら話を聞いていると、知らぬ間に磯海岸（鹿児島市にある海岸名）にまで来てしまっていた。ヨーサンは東京の出身で、父に事情を話して送金するので台湾行きを中止してもらいたいと懇願しに来たのだった。ヨーサンは切なげに千成の手を取った。波打ち際にマントを敷き、二人は一緒に座った。

千成はヨーサンの気持ちをとても嬉しく思いながらも、渡航を決めた今となっては如何ともし難かった。それで千成は、自分を好いていてくれるなら、自分が台湾に行ってからでも思いは続くじゃないですかと諭した。するとヨーサンは、あなたを台湾に行かせたくない、「あなたがどんなに変わるか知れない。それが心配だ」と告げた。そして「もう少し前になぜ苦しい事情を打ち明けてくれなかったんだ」と言葉を重ねた。

その七高生の思いつめた言い方に千成は恐ささえ覚えた。そして「暗くなるから天文館通りのロンドンでご飯でも食べて、暫くの別れを惜しみましょうよ」とつとめて軽げに言うことにした。「ロンドン」とは、当時人気のあった喫茶&レストランの店名である。

だが千成がそう言い終わるか終らぬうちに、ヨーサンに突然抱きしめられてしまった。

「千ちゃん、ここで許してくれ。でないと誰かに君を取られる。それがとても怖いんだ」

千成を抱擁しながら、ヨーサンはそう吐露して頼んだ。千成の身体は震えていた。自分もヨーサンを好いていたとしても、とうていその場で応じることなどできはしない。

「どうぞ、そんなことおっしゃらないでください。もしそうなれば私の心も乱れ、皆さんにご迷惑かけることになります。一日も早く台湾から戻れるようにしてください」と千成は頼み込んで話し、ようやくヨーサンも心を落ち着かせてくれた。

そうして一緒に「ロンドン」で食事をしたあと、ヨーサンは千成と初めて会った日の思い出を語り出した。いつか千成に秘めたる思いを伝えようと思っているうちに今日になってしまったらしかった。千成はヨーサンと別れ、実家で寝床に就いてから、先ほどまでの一幕を思い返し、それほどまでにヨーサンは自分のことを思ってくれていたのかと嬉しく思った。と同時に相手の真剣度が改めて恐ろしくなった。しかしそのとき千成の心を一番占めていたのは、海外へ初めて渡航する喜びだった。

かくして千成は四月二十五日の出立の日を迎えた。この日、列車で北上し、門司から船の信濃丸で渡航する段取りである。その日の早朝、千成の弟妹たちは学校を休んでまで鹿児島駅に見送りに来た。千成はプラットホームに立ち、周囲を見回してみたが、ヨーサンらしき若者の姿は見かけなかった。

千成は、一緒に鹿児島から台湾まで行く初対面の芸妓二人と三等車に乗った。台湾の置屋の主人は二等車に分乗した。いよいよ発車時刻となり、列車はホームから走り出した。

と、車窓から顔をつき出して外を見ると、スーサンが電柱の影から顔を見せた。千成の視界は涙でぼやけ、見えなくなった。

その後、千成たちは置屋主人の故郷である熊本で下車し、台湾へ一緒に向かう芸妓八人と合流し一泊、翌朝の列車で門司へ向かった。そして門司から台湾の基隆行きの信濃丸に乗船した。

ここで信濃丸が出てきたが、この船は一九〇〇(明治三十三)年に進水し、一九〇四(明治三十七)年の日露戦争のとき巡洋艦として哨戒中、バルチック艦隊を発見し、日本海海戦での勝利に貢献したことで知られる。また一九一三(大正二)年には孫文が同船で日本へ亡命、一九四五(昭和二十)年の太平洋戦争終結後はシベリアなど大陸からの引揚げ船として活躍し、大岡昇平もこの船で復員、その後も一九五一(昭和二十六)年まで現役だった。だが大正のその当時は日本と基隆を結ぶ航路に就航していた。信濃丸はまさに海の上に浮かぶ日本史そのものと言えるような船であった。

少し脱線したが、船中では千成は他の船客と家族のような親しさとなった。一行十名のなかには専ら寝るだけの者もいたが、千成は一日三食とり、入浴もした。湯殿から窓外を眺めると潮路ばかりではあったが、眼下にはイルカか鮫が群れをなして泳いでいた。だが千成のようにその光景を見ながら風呂に浸かっているような剛腹な者は他にはいないようで皆弱虫だと思った。信濃丸は三日で基隆に到着した。

[15] 台湾芸者・蔦奴

上陸して辺りを見回すと、日本のものより数倍する大きさのバナナとパイナップルが目についた。というか、それ以外の果物を見たことがないほどだった。台湾の年寄りたちは煙草を長い煙管でふかしていた。裸足の人がいた。逆に絢爛たる服を着て、先端の尖った靴を履いている人もいた。千成たちは人力車に乗って基隆市街の旅館まで行った。

着くと、千成は何よりもまずバナナを食べてみたくなった。そこで旅館の番頭に五十銭(現在の約二百円)を渡し、この分だけ買ってきてほしいと頼んだ。番頭が持ち帰ったバナナは、とても大きな籠に八分目まで入っていて仰天した。あまりの安さに二、三本で食べる気がしなくなったほどだった。

千成たちはその後、今度は台南行きの夜行列車に乗って再び移動を開始した。客車は三等車で板敷きだった。台南市には午前八時ごろ到着したが、駅では仲居三人を含む女性六名が出迎えていた。それで台湾人の漕ぐ人力車が三十台ほども連なって、賑やかに置屋のある街のほうへ向かうことになった。

大勢の人びとが興味ありげに見つめるなか、千成たちは目ざす置屋の高砂の前に着いた。芸妓たちがいっせいに駆け出してきた。なかには寝巻きのままの者もいた。

建物に入ると、右側が張り店で朱塗りの欄干が巡り、銀の襖があった。千成は左右を見ながら進んだが、この家は鰻の寝床のようなつくりで、奥へ奥へと行き帳場も抜けてさらに奥へ、するとそこが主人の部屋になっていた。その部屋で千成たちは女将にねぎらわれお茶をもらった。女将には若旦那が恩習会のプログラムを開き、印をつけていたらしい箇所を示して「この妓ですよ」と千成のことを紹介してくれた。

部屋には広い板敷きに、一度に二十〜三十人は座れそうな大きな食台があり、めいめいそこに座って朝食となった。朝食は魚の煮付け、ひじきに味噌汁、そしてご飯といった献立だったが、ご飯は炊飯時の水か火の加減でも悪いのか、米質のせいかポロポロしていた。しかし千成は長旅のあとでとても空腹だったので、そんなものでもおいしく食べた。

午後にはようやく芸者部屋に落ち着いた。荷物を整理したり、駅に迎えに来ていた三人の妓と親しくなり話をしたりした。そこでは南検のことやいろんな芸者衆のこと、客の名前が上って懐かしいだけでなく、彼女たちといっそう親しみが湧いた。

千成たちの渡台のことは間をおかず新聞記事になり、そのせいでちゃんとしたお披露目もせぬうちにひきもきらない人気となった。製糖会社の重役たちや安部幸商店、鈴木商会など当時の当地の財界のトップが押し寄せて大繁盛となった。そんなありさまで正式なお披露目ができたのは一週間も過ぎたころだった。

置屋「高砂」は外土地にも客筋を広げ、芸者十三人、女郎三十五人、仲居十人の大所帯だった。

廓では張り店にいた妓が客から声を掛けられるとそこから降りて客のお相手をする。女郎のほうが人気も席も上で、芸者が下座という具合だった。

だが芸者を呼ぶのを主にして遊ぶ客も多かった。それゆえにここの芸者には芸がいった。千成が台湾まで来たのは、ひとつにこの芸の修業にもなると考えてのことだった。そして心機一転、千成はこの地台湾で改名し、八重丸、成金、千成に続く四番目の源氏名「蔦奴」として芸者稼業を新たにスタートした。

お披露目から半月ほどで新高製糖の重役の馴染みができたが、困るのは客に身体を望まれることだった。南検での老人オーサンの一件で懲りていたので「私は台湾まで客を取りに来たのではありません」と女将に伝えたが、旦那がなければ着物も買えないと言われた。あの重役ならいい旦那だからと諭されたので、暫く考えさせてほしいと返事した。

ほぼ同じころ台北市の商社・松本商会の支店長で坂本という男性が弱冠二十八歳ながら、台湾の大手の取引先を招き、芸者も大勢侍らして景気のいいさまを見せており、高砂からは蔦奴一人を料亭に連れて行ってくれた。

ある晩、その支店長は高砂まで人力車に相乗りで送ると言い出した。蔦奴は一緒に乗って行ったが、支店長の男は道々「ぼくはあなたが好きだ。まだ妻もないし馴染みの女もない。まだあなたは四、五回しかぼくと会っていないしぼくの気持ちもわからないだろうけど、ぼくにはあなたという人のことがわかる。嫌でなければ一緒になりたい」というような告白をした。蔦奴はこの男の正直な言い方に動かされて決心し「どうぞ」と言った。

製糖会社の重役のほうは女将が何とかとりなしてくれることになり、二人は関係を持った。その松本商会の支店長の坂本は、指輪、金の櫛に簪、反物と熱心に蔦奴に貢いだ。蔦奴はもう金目の物は持たざる物なしというほどになったので、皆から羨望のまなこだった。しかもときどき商会の支店の二階に泊まるようになり、まるで夫婦のようになった。

だが松本は、蔦奴に、そこにずっと二人でいられるようにするから、もう少し我慢するよう諭した。それでしょっちゅう「高砂」へ帰るように言った。

いっぽうで、鹿児島の国元にいる七高生のヨーサンからもたびたび手紙を貰った。しかし何しろ遠距離なので思うようにならず、投げたようなことを書いてくることが多かった。蔦奴はそれでも返事を出したが、ヨーサンからの頼りがだんだん遅れるようになった。きっと別に恋人でもできたんだろう。だがそれも無理もないと思うようになって、ついに蔦奴からは返事を出すのをやめてしまった。一年あまりの関係だった。

台湾ではその後、一九二〇(大正九)年に、父の正義が鹿児島から突然やってきたことがあった。正義は以前、台湾へ出稼ぎにきたことがあったので勝手知ったる土地ではある。だが鹿児島と台湾は、飛行機の直行便が就航したのは二〇一二(平成二十四)年の三月二十五日で、ごく最近である。鉄路で鹿児島から門司へ出て、そこから船でという蔦奴の取ったのが当時の一般的なコースだったわけだが、四、五日がかりの旅程をさして苦にせずこなしているように思える正義のフットワークは、さすが蔦奴の父という感じがする。

しかし正義は物好きに、ただの旅行でやってきたのではなかった。西検番のとある大きな料亭を、お抱えの芸者二人ともども居抜きで買い取ったので、わが娘に台湾で苦労はかけたくないと連れ帰りにきたのである。二千円(約二千万円)持ってきており再会したその日のうちに交渉をまとめ、明後日には船で帰りたい腹積もりだった。蔦奴は嬉しがりながらも、松本商会の支店長が自分を落籍させて妻に迎えてくれる話が出ているところでもあると話した。正義はてっきり喜んでくれると思っていたが、結婚話に賛成せず、それより鹿児島に戻ってほしい様子だった。

それで正義は「高砂」で蔦奴を交え、娘を諦めてもらおうと支店長の坂本と会った。「ご厚意は嬉しいが……まだお若いし、支店長という重い役目をされていては、今が一番大事なときです。そんな場合に芸者を落籍したとか家内にしたとか噂が立てば本店へも影響が大きいだろうし、どうか娘が私と一緒に帰ることを許してください」などと正義は言った。

坂本は暫時黙していたが「ご忠告ありがたい、私もいち番頭に過ぎないが、人に迷惑はかけていないつもりです。私にご信用がなければやむを得ません。娘さんはお連れください」と返答した。

「その場の空気がにごった」と蔦奴は記している。そして彼女の心はかき乱れた。それで蔦奴は、正義に一人で帰って欲しいと泣き出した。その場に来合わせた同僚の芸者たちも正義に頼んでくれた。お陰で何とか正義は二日後の船で日本へ帰って行った。

そうして年は改まり、一九二一(大正十)年になった。坂本は台北行きで多忙となり、高砂の払いはすべて綺麗に清算していた。蔦奴に関わる払いも同様であったので、近日中に落籍してくれるのではと期待していたところ、台湾料理の店にいる坂本から電話があった。蔦奴が駆けつけると、その日の坂本は落ち着きがなく、顔色が悪かった。

坂本は蔦奴の手を取って言った。台湾人と商売をしていたのだが、うまくいかないので店の金を遣っていたら本店の知るところとなり、支店を閉鎖することになった。その賠償が坂本には目下できず、社長からは、小さいときから手しおにかけた坂本に縄をかけるわけにもいかないので、他の見せしめのためにも身を引いて欲しい旨のことを言われた。坂本は社長に恩義を感じていたので、言われるままに身を引いた。

坂本が続けるには、かくなるうえは蔦奴の父の正義に詫びを言い、故郷の下関にいったん戻り、再び必ずや台湾の地を踏み、独立して出直す。そのときまで今暫く辛抱して待っていて欲しいというものであった。

蔦奴はショックを受けたに違いないが「可哀相に、私のために、そんなことになったのではないかと思えば、なお、いとおしく」なったようで、いかにも彼女らしい。「私は小さいときから苦労もしたし少しのことには、へこたれません」と笑って坂本を慰めた。

駅へは見送りに来ないで欲しいというのが坂本の頼みであったので、それを守り、蔦奴は後ろ髪引かれながらも置屋へ戻った。

その後、蔦奴は坂本からの頼りを気にしながらも三味線と歌の稽古に励んでいたが、二カ月以上経ってから母チカから便りが届いた。それによると坂本は帰国後、すぐに鹿児島の蔦奴の実家に立ち寄り、正義に詫びを入れた。それからともかく一度下関へ帰ってから出直すということで帰省して行ったが、故郷では親戚中が集まり叱責の嵐で、父親に詫びろと位牌まで突きつけられたらしいことが記してあった。のみならず坂本には国許に許婚のような女性もいて、何度断っても女性は真剣で、裸一貫の坂本を助けて出直す強い決意を示された。それで正義とチカに坂本は、伴侶となるこの女性とで何とか償いをするので許してくださいという文が来たとのことであった。チカは坂本からの手紙の内容をありのままに娘に知らせていいものか逡巡したが、今さらどうにもならないことだからと思い、蔦奴にもそう書き綴った。

ことの次第を知った蔦奴はサバサバしたものだった。すぐに自分のほうも返事を書いた。「その許嫁の方の立派さに、私の方が惚れました。サーさんも幸せでしょう。もともと人の妻などと私は思ったことはなかったが、自然になれば仕方ないと、考えたまでのこと、もうなんとも思っていませんから、そちらはそちらでよろしく頼みます。そのなかに花も実もなる時節も来るでせう」

そう記したのだったが、そのころは蔦奴もあちこちからお座敷の声がかかって多忙だった。それがかえって幸いしたところはあるかも知れなかった。

[16]木村伊兵衛に惚れられ惚れて

ある晩のこと、齢は二十歳前後と思われる三人組の男性客があった。いずれもほろ酔い加減である。蔦奴は揚屋「一筆」の座敷に出かけるところだったが、無邪気に陽気なさまがよく思え、暫し佇んでいた。

そんな蔦奴へ三人のうちの一人が「あの妓なんというんだ」「どこへ行くんだよ」そして遊ぼうやと言い出した。店の者がこれから一筆へ座敷だからと幾ら男に言ってもいうことを聞かない。蔦奴はしまいには玄関のほうへお尻を押され、ひっくり返った。このためやむなく一筆には断りを入れてもらった。二階の部屋へ行ってみれば、男が芝居の真似事などをしていた。そのあまりの上手さに蔦奴は仰天した。歌も三味線も踊りも男はすべてをこなしていた。

蔦奴が店の者に男のことを聞けば、安部幸商店の番頭ということであった。ちゃきちゃきの江戸っ子だともいう。蔦奴が他所の座敷を断って相手をしてくれた心意気に感心したということだった。その後もたびたび高砂に遊びに現れるようになったこの男こそ、日本の写真家の第一人者、木村伊《い》兵《へ》衛《え》(正しくは「いへい」という説もある)であった。

一九〇一(明治三十四)年東京下谷生まれ、没年一九七四(昭和四十九)年。没年の翌年には木村の業績を顕彰し、その名を冠した新人写真家の登竜門で《写真家の芥川賞》といわれる木村伊兵衛賞が創立された。その賞のことはそんなに写真に興味のない者でもおそらくある程度知っていることである。「日本のロバート・キャパ」と言いたい存在だが、キャパとは題材も作風も違うので、現実には木村はスナップの名手アンリ・カルティエ・ブレッソンになぞえられ「和製ブレッソン」と呼ばれていた。ストーリーを組み立てて撮るのではなく、ごく日常的な東京の下町や銀座の市井の人びとの姿を愛用のライカで掬い取っていた。ただ蔦奴と邂逅当時の木村はまだライカの写真機にはめぐりあっておらず(それを手にするのは昭和になってから)、砂糖問屋の安部幸商店の台湾台南支店に勤めながら、近所の遠藤写真館の主人と親しくなり、ここで営業写真の撮り方を学んでいた。

木村は江戸っ子気質で短気だが磊落な性格で、そこが多くの者に好かれたようだ。蔦奴も例外ではなかったが、「東屋」という東京出身の芸妓が多い置屋のひな菊といい仲との噂があった。「高砂」に木村がやってくると、東屋からすぐに電話がかかってくるほどであった。あまつさえ「蔦奴がなんだい。九州の田舎芸者に負けてたまるもんか。今迎えに行きますよ」というひな菊の電話の声が漏れ聴こえたものだから、蔦奴としても俄然ライバル心を燃やすことになった。

「ひな菊というやつ、お目にぶらさがってみたいわ」

これに対し木村は「こねえだろう。まあいいさ」と答えたのだったが、どっこいひな菊は領地侵犯で間をおかずやってきた。これは縄張り意識の強い花柳界では驚天動地のできごとだった。そしてひな菊はつぶした髪で肥り気味だが、齢二十歳前後のなかなかの器量の女だった。蔦奴は木村の膝に座り「高砂から一歩も出さないから」と駄々をこねたことをいう。するとひな菊も「お昼電話であれほど頼んでおいたのに、わざわざ家の前を通りぬけて、高砂へ来なくったっていいじゃありませんか」などと滔々とまくし立てた。そのバイタリティにさすがの蔦奴も驚いたようである。いっぽう揉めごとの元となった木村はというと、頭が痛いと言い出して蔦奴に寝っ転がって膝枕させてもらう始末、ひな菊はいよいよご機嫌斜めになるという次第であった。

「伊兵衛ちゃん、私先に行ってますから、一人で寄って頂戴ね」とうとう、そう言っていなくなってしまった。これに木村と一緒に来た男たちは「伊兵衛ちゃんどうする。明日また電話でうるさいぞ。仕事の最中にかかってくるからな」と言うと、「これから東屋へ行きさえしなければいいだろう」と木村。「俺たちゃそうはいかないよ」と連れの男。「じゃ、そっちはそっちでおやんなさい」などと木村は言う。連れの男たちは、かなわないなあと言いながら東屋へ体面を立てに行くことにした。「ここへ来なくったっていいからな、あばよ」と木村はおっ被せるように言った。

以上はすべて蔦奴ことのちの喜代三の自叙伝からの引用だが、その場のユーモラスな情景が目に浮かぶようである。しかし蔦奴が木村と二人きりになっての座敷は空気が変わった。木村は瞑目しておし黙っている。蔦奴のほうは急に身体が熱っぽいような、心地いいような、何とも言えない気持ちになってきた。

客の男に本気で惚れてはいけないと思いながら、心が抗えなくなってきた蔦奴だった。そのうえ先ほどのひな菊との一幕を思い返して、あの分じゃ木村はひな菊とただの仲ではないだろう。ひな菊のほうも、木村と蔦奴が肉体関係を持っていると思いこんでいるだろうから電話で田舎芸者と言ったり、他所の座敷で無礼な態度を取ったりできたのだという考えが強まってきた。腹の虫の治まらない蔦奴は、二度と他所の芸妓に木村を渡すものかという思いがふつふつと湧いてきた。

それから二人は酒を酌み交わし、酔って酔い覚ましに蔦奴は木村を塒《ねぐら》まで送っていくことにした。

木村の塒《ねぐら》は安部幸商店の会社寮で、中堅クラスの者が八人ほど六畳間をあてがわれていた。寮には管理人の老夫婦がいて、日中は手伝いに若者が二人ほど詰めていた。

寮までの道みち、蔦奴と木村は「いつ、蔦ちゃんを好きになったかわかるかい」「さあ」「しょっぱなからだよ」「私も本当は……」などと言葉を交わしながら歩いた。

寮に着くと、木村の部屋に向かった。部屋は寮の廊下の突き当たりにあった。部屋に入ると蚊帳を吊ってあり、それを外して縁側へ座った。庭も広めに取ってあり、蔦奴は団扇を仰ぎながら木村にいろんな話を聞いた。

「内地からいついらっしたの？」「昨年の十一月さ、蔦ちゃんは」「私はね、一昨年の五月。昨年の十一月にいらっして高砂はあの夜が初めてでしたの？」「うん。ちょくちょくお女郎見には出かけたがね、いいのが目にとまらないもの」「どうだか。調べりゃわかるかも知れないじゃないの」「お前さんだって、何犯もの凶状持ちのくせに」「そうね、私だって二つは完全にあるわ」「わりに正直だな。もう少しあるだろう。芸者だもの当たり前さ」「そう決めちゃいましょう」

そして男の部屋って殺風景ね、お昼に暇を見て、お花でも取替えに来るわ。あなたが留守でも部屋に入れるように管理人の方に頼んでおいて下さい。綻びぐらい縫っておきますし、小さいものなら洗っておきますよ、と蔦奴は言った。このような次第で、二人の仲は深まっていった。時に蔦奴が十八、木村が二十歳といったあたりの年齢だった。

その数日後、木村は一人でこっそり高砂にやってきた。蔦奴が目あてなのは明らかで、店の者も木村と蔦奴の相思相愛をそれとなく察しており、気を遣ってくれた。そのころ木村は乗馬の教官もしており、蔦奴のほうから教練所へ会いに行きもした。馬を盛んに乗り回して鞠を掬ったり、馬に横倒しに跨るような姿勢を取ったりもした。木村の見事な騎乗技術と、教練日の夜、そのころまだ大変に珍しい写真機を器用に扱っている姿に、蔦奴はまた惚れ直したようだった。

年は改まって一九二二(大正十一)年。海外ではソビエト社会主義共和国連邦が成立したこの年の一月半ばごろ、サーサンこと元・松本商会の坂本から蔦奴に、久しぶりに電話があった。一筆からの電話で、すぐに来てほしいとのことだった。蔦奴は車で向かいながら、昔日を回想した。すべてが昨日のことのようだが「さぞ、変わっていることだろう」とお座敷へ通るまで、胸がずきずき痛むというありさまだった。

だが意を決して、常と変わらぬように、わざと足音を大きくして座敷へ向かい、襖を開けた。坂本は会わなかったたぶん年を取ったとはいえ、かつてと変わらないようだった。

坂本は蔦奴の手を握りそうになって「よく来てくれた」と言った。そして二人とも、何から話せばいいのか分からぬままに酒を酌み交わした。

「鹿児島の事情、下関事情はご両親から知らせがあったと思いますが、あなたに申し訳がなくって……。夫婦でいつも話し合うことだが、家内も私たちが懸命になって、タネさんをあの社会から救い出さねば私の気が済まぬと、そのことばかり言ってますよ。あなたもあのときより大分おねえさんらしく、落ち着いてきましたね」

そう語る坂本に今どうしているのか蔦奴が聞くと、台北でまた商社をやっているとのことだった。そしてもう少しすればまた盛り返すので楽しみに待っていてほしいようなことを言った後、「今は誰かの世話にでもなっているのか」と、ぎくっとすることを訊いてきた。蔦奴が正直に「はい」と言うと、どこの何をしている人か、自分の知っている人物か、それならそれで安心できるし名前も聞かせてほしいと覆い被せて尋ねてきた。観念した蔦奴が、安部幸商店の木村伊兵衛という人です、と告白すると、「ああ木村さんか。知ってますよ。あの人に乗馬を一昨年二、三度習いましたよ。あなたは木村さんを愛しているのでしょうね」とさらに言ってくるので、ええ好きですと答えると、「それならぼくに会わせてくれませんか」などと言ってきた。

これには蔦奴も心配したが、ぜひ会いたいという人がいるのですぐ来てほしいと木村に電話すると、やはり当初は木村は会うのを「嫌だよ」と拒んだ。しかし蔦奴の懇請には勝てず「じゃあ、すぐ行くよ」とやってくることになった。

いったい、二人のあいだにどんな話し合いがなされるのか蔦奴は気が気ではなかったが、結城の上下に角帯という改まった恰好でやってきた木村に対し、坂本が、「お忙しいところをお呼び出しして申し訳ございません。ちょっと蔦奴君のことについてお願いしておきたいこともありまして」「どうぞごゆっくり、さあ膝を崩して、ゆるりとなすって下さい」と膳部と酒でもてなしたが、「どんなお話でしょうか。お聞きしないうちは酒も身につきませんね」と木村は言った。

蔦奴は坂本に酌をしながらやけっぱちになり、飲みじゃくっていたが、そのうち二人も徐々に打ち解けてきたようだった。そして坂本は「こんなことを言うのは変に聴こえるかも知れません。実は蔦奴君を一年ほど面倒見ていました」と言ってから自分の実情を語り、蔦奴が面倒を見てもらっている木村をはっきり愛しているのでと言ってもいるので「どうぞ今後ともよろしく、私からもお願いします。この人を幸福にしてやってください」と木村に頼み込んだ。

それを聞いて木村は最初のうちは不機嫌だったが、だんだん気分がほぐれてきたようだった。そして話はわかった、堅苦しい話はやめて飲み直しましょう、と相手に持ちかけた。

そこで、飲みに別の場所へ向かうことになったが、蔦奴が二階から玄関に降りると坂本の姿はなかった。もう言うことはないと坂本は二人だけにしてくれたのだと蔦奴は思い、部屋にいる木村に告げたが、木村は酒をうんと持ってこい、と再び機嫌悪げに言うのだった。

[17]台南心中

そしてそのうち木村はだしぬけに「おいおたね死のう」と言った。「えっ?」蔦奴は仰天した。続けて木村は「ぼくは坂本さんに悪い、生きちゃあいられない。ここであの世へ行こう」

それを聞いて蔦奴は、自分の両親弟妹、木村の東京の両親がどれだけ嘆くかを思い、悲しくなってきた。そして蒲団を被って泣いている木村とともに、泣けるだけ泣いた。そして蔦奴は木村に死に方を聞いた。すると木村は、酒での服毒自殺と説明した。

蔦奴は帯を解き、畳み、着物も畳んで長襦袢だけになった。そして床上に座し、酒をコップに八分目ほど入れ、木村からもらったその毒薬を容器に入れた。そうして二人して半分ずつ飲んだ。たちまち痺れが回ってきた。天井を向いて胸の上で手を組み、蔦奴は三途の川の渡し舟を待った。

翌朝ぱっと目覚めた。おかしい、木村と心中したはずなのに自分だけ助かったのだろうか、と蔦奴はいぶかしんだが、隣りに鼻息を立てて眠っている木村を揺さぶった。

木村は「何だ」と呟いた。

「夕べ、毒薬飲んだでしょう。どうして効かなかったのかしら」と蔦奴は言い、そのまま泣き出した。「もういいんだよ。お前の心がわかったよ」と木村は言った。

そう言ってくれたのはいいが、一体何を飲まされたのか気になった。そこで「ねえ、伊兵衛さん、あの薬なあに？」と聞いたが、なかなか口を割らない。ますます本当のことが知りたくなった。

「風邪薬だったんだよ」

「まあひどい。さんざっぱら泣かせておいて、私の心を試したのね」

これに木村は「だからわかったんだよ」と答えた。蔦奴は木村に抱きついた。その日、蔦奴は昼食をとりながら(生まれて初めての楽しい日ではなかろうか)と喜びをかみ締めた。蔦奴はそれから、店の仲居に、昨夜どのくらい銚子を空けたか聞いてみた。

「十本持って来ましたよ」と仲居。「何本残っていたの」と蔦奴が聞くと「みんな空っぽでしたよ」「お部屋へ来てみたら、お二人とも大きい鼾でしたもの」

蔦奴と木村は顔を見合わせて笑い声を上げた。そしてその後、木村は母親宛てに手紙を書いた。そこには蔦奴と夫婦になる旨のことがしたためられていた。

木村と蔦奴の一幕は芝居だったからいいが、本当であれば心中事件として台湾中、のみならず日本中へ報道されただろうと蔦奴は後にして思った。

ところが、高砂では本当の心中事件が起こった。それは蔦奴と木村のその心中未遂事件があって一週間ほど経ったころ、蔦奴が文士劇に出て欲しいと頼まれ、何事にも積極的で好奇心旺盛な蔦奴がふたつ返事で了承し、四、五日稽古に通ってさあ今夜が本番という日の朝に起こった。芸妓の幸子嬢が男性と心中を図ったのが発覚したのだ。高砂は上を下への大騒動となった。

蔦奴も部屋を覗いてみた。刃物で男女刺し合ったようで、刺し違えたらしかった。「そこらはまるで血の海だった」と自叙伝にはあり、現場の凄惨な模様が窺える。しかも幸子のほうはだいぶ深手を負っているのにまだ意識があり、相手の男性の手を探っていた。蔦奴は同僚の芸妓のその姿に涙した。それと同時に蔦奴は、木村との心中がもし本当になされていたらと思うと慄然とした。

結局、心中事件の男性は傷が浅くて一命をとりとめたが、幸子のほうは不帰の人となった。後で聞いたところでは、幸子は以前から精神状態がおかしく、自殺願望に囚われていたらしかった。男性客は上顧客で、幸子に誘い込まれたのだと皆から同情の声が上がった。

その夜、蔦奴は文士劇をつつがなく演じてのけた。持ち前の心臓の強さと、演劇というものへの以前からの深い興味と傾倒も助けたのかもしれない。

それから二日後、木村家から蔦奴と同僚へ帯締めと羽織の紐が三十～四十本ずつ郵便で届いた。美麗な品ばかりで、母親からは伊兵衛のことをよろしく頼むという内容の手紙も添えられていた。優しい母親だと蔦奴は嬉しくなった。その後、蔦奴は木村が乗馬教練所で腕を骨折したことを知った。芸妓はお座敷に呼ばれなければ客のところへ行ってはいけないことになっているのが不文律だった。このため蔦奴は自腹で玉代を払う「身上り」をおこなって木村のもとへ駆けつけた。もう木村に一日でも逢わないと落ち着かないほどになってきていた。その様子が置屋の者にもばれてきて、ついに蔦奴は奥へと呼ばれた。

蔦奴は近ごろどうかしている、せっかく坂本に買ってもらった物まで失くして男に逢うなんて、それほど木村が好きなら好きでいいから、旦那は旦那で持つのが芸者の甲斐性だ。お互い身が詰ってしまえば心中沙汰になりかねないのでよく考えるように……。蔦奴はそんな温情ある叱責をもらうほどだった。

それに対して蔦奴は「はい」と返答したものの、二人の男なんて持てるものか、自分にはそんな器用なことはできないと思った。一途な蔦奴らしいが、そのように叱られれば叱られるほど、木村に逢いたくなった。

そんな日を過ごすうち、ある日、木村がちょっと東京へ帰ってくると言い出した。木村はつけ加えて、ついでに門司から鹿児島へ行き、蔦奴の両親にも会ってくる、「今度は嬉しい話を、土産に持ってくるよ」と言って、木村は出発していった。

一カ月半ぐらいで木村は帰台したが、無事な顔を見て蔦奴は泣いてしまったほどだった。はじめに鹿児島に行き、鹿児島弁のわからないのには閉口したと木村は笑って言った。鹿児島にいる蔦奴の両親は、商いが傾いたので辞め、新屋敷町に織物工場が増え出したのに目をつけ、一膳飯屋をやり始めていたが(さすが機を見るに敏の正義ら夫婦である)、その正義とチカに会い、木村は蔦奴ことタネを嫁にしたいと告白してきたとのことだった。

ところが木村は正義から「あんたはまだ若いのだから、仕事のほうに熱中しなさい。芸者などを家内にしようなどと思ってはいけない」とさんざん諭されたとのことだった。「面白くなかったよ、頑固そうな親父だった」とまで、木村はそのときの心境を赤裸々に語った。そうして帰京するともう訪台する気持ちはなくなったが、蔦奴もいるので一九二二(大正十二)年の六月いっぱいで安部幸商店を引き揚げる心構えで戻ってきたようなことを言った。

「東京へ帰って何とか道がついたら帰ってこられるようにするから、それまで辛抱してくれ」と木村。そう言われると蔦奴も急に本国を恋しく思うようになった。木村がいない台湾にはいる気がしない。父の正義に手紙をしたためて一時鞍替えをして身を落ち着けるから、そのうえで自分のことを考えてくれるよう木村に依頼した。そうしてくれたら必ず鹿児島へ身受けに行く。そうなれば親父さんも否応は言うまいと木村は考えを語った。

木村と逢った翌日、蔦奴はさっそく正義へ手紙をしたためた。が、いっかな返事は来ない。そこで蔦奴はじりじりする感じで郵便局へ電報を打ちに行った。そのとき建物からふと表を眺めると、正義が歩いている姿が目に入り驚いた。蔦奴の身にならずとも、こんなことがあれば誰しも驚くことだろう。蔦奴は大声を出し「おとっちゃん」と言った。まだ電報用紙へ書き込みが済んでいなかったのももっけの幸いだった。正義のほうも蔦奴の姿をみとめ、大和旅館に宿を取ってあるから、俺が帰るまで待っているようにと言い、高砂へ出かけて行った。

蔦奴が向かった大和旅館は木村の勤める安部幸商店の近所にあった。そこで木村に電話すると、すぐにきてくれた。嬉しさのあまり二人で抱擁した。これから先は何事があろうと心変わりしないよう指切りで約束し合った。七月五日の船で帰るまでは毎日逢おうと誓い合った。そして蔦奴は、ぼつぼつ父が戻ってくるからと木村に告げて帰ってもらった。

戻ってきた正義は、今ここに木村が来たろう、と蔦奴に問い詰めた。蔦奴は「来なかった」と嘘をついた。嘘を言った理由が自分でもわからなかったが、ともかく正義は怒り出し、今そこで遭ったばかりだ、隠してどうするつもりだと頗る機嫌が悪かった。

「あんなにやけたものと一緒にさせたら、タネが苦労する」「もう逢ってくれるな」とまで言うほどだった。そののち正義の話は高砂のこととなり、四年のうち約二年働いたが、一年まえ置屋から千円渡されていて、残りの年季が一年近く残っているので、諸々で千五百円払ってほしいと高砂のほうからは言われたそうだった。正義はその額を千三百円にまけてもらい、残りは証文払いの分割で、一年ローンにしてもらったとのことだった。ただし衣装その他、私有物はそのままで引き揚げるように取り計らった。置屋のほうでもそれで納得がいった様子だったとのことだった。それを聞いて蔦奴は安堵した。そして翌日、正義と高砂へ借りた金を返しに行き、お礼を申し述べてきた。

蔦奴の帰国の便は七月一日に台北で坂本と面会してからということになり、明日の夜行で発ち、船は二日出港の便と決まった。木村の予定していた帰国便より三日早い。同僚で一緒に渡台してきた芸妓たちは羨ましがったが、木村に帰国の段取りを知らせた蔦奴の心を専ら占めていたのは、再び愛人と逢う算段だった。これには苦慮したが、正直に木村と少し逢ってきたいと申し出て、許しを得た。「一時間ぐらいで帰ってこいよ」と言われて「はい」と返事をしたかせぬうちに蔦奴は表へ駆け出していた。息せき切って木村の会社寮へ着いた蔦奴は、木村の顔を見るなり涙声となり、しどろもどろに自分が帰国することを話し出した。

その蔦奴の姿を見て、木村は「落ち着いてくれよ。ぼくのほうが先かと思っていたら、二日の船か。台北に寄るということになれば、夜行で発つしかないね。十一時二十分だから、ゆっくり話そう」と言ったが、蔦奴は父から一時間で帰るよう釘を差されたのを正直に告げた。それからの一時間は実に短かったが、二人は濃厚なひとときを過ごした。

そして後ろ髪引かれる思いで暇を告げ、蔦奴は駅で父と台北へ向かう列車に乗り込んだ。車中では台南での思い出に耽っていた蔦奴だったが、三年も台湾暮らしをしながら一度も訪れたことがなかった台北の街に着き、目を瞠った。さすがは台湾一の大都会と驚きを禁じ得なかった。周囲を眺めながら蔦奴と父の正義は探し回り、ようやく坂本商事を見つけ出した。それは堂々たる店構えの建物だった。

坂本は愛想よく父子の訪れを歓迎してくれたが、蔦奴は坂本に対し「まるで他人の家で、知らぬ人に逢ったかのように、自分の冷たさに、どうにもならない」といった態だった。このとき既に坂本への気持ちは醒め切っていた。蔦奴たちは二階へ通されたが、そこには坂本の子の乳児が寝かされていた。蔦奴はすぐさま子のもとへ寄り抱きあげた。もし自分と坂本が一緒になっていたら、この子は自分が産んでいたと思うと泣けて仕方なかった。

そのうち坂本が妻と一緒にやってきた。妻は「静子でございます。初めまして。主人がいろいろとお世話になりましたそうで」と挨拶した。蔦奴は「どうぞよろしく」と答えるしかなかった。静子はその後も心配りし「ここから駅まで遠うございますので、お見送りはいたしません。主人が二人分いたしましょうから、お父さん、タネさんもお気をつけくださいませ」などと話した。その優しい言葉に蔦奴ことタネは恥じ入り、深いお辞儀をした。

建物を去りぎわ、「早く大きくなって頂戴ね」という感じで赤ん坊を再度抱いてから、蔦奴は坂本と父と、料亭へ向かった。

料理を啄ばんだあと、坂本は蔦奴のそばに寄り「タネさんを、ぼくの手で幸せにしてあげられなかったことを許してください。これから木村さんが幸福にしてくれるでしょう。もし万一、木村さんと一緒になれず、一人で思案にあまるときは、いつでも相談してください。喜んで手助けさせていただきます」と囁いた。蔦奴は、以前と変わらぬ坂本の優しさに泣いた。

そして翌朝十時、坂本に波止場で見送られて蔦奴は父とともに基港を立った。三年二カ月いた台湾の地を、蔦奴は船上で荒波の向こうに望見して小声で別れの言葉を告げた。

[18]帰郷して喜代治へ

かくして蔦奴は船に乗り、四日目の朝方、鹿児島に帰着した。

鹿児島港に入る前、鹿児島(錦江)湾から桜島を拝み、故郷の景色のよさをしみじみと味わった。上陸後はさっそく市電に乗り換え、引っ越した実家のある新屋敷町へ向かった。

実家の商いは手が空いているようだった。久しぶりに再会した母のチカは老いが目立って感じられた。それでも母は九人もの子を産みながら、よく無事でいてくれたと涙が流れた。母チカは次女・むら子を他家へやり、女手の足りない中、九人目の子の「あや」を産み、今はとくにその子の育児で大変だった。

チカと蔦奴は再会を喜び合い、蔦奴は母に木村が実家を訪ねた日のことを聞いたりしていたが、父の正義が夕方には南検の置屋「喜楽」へ連れて行くというので、早目に家族で夕食をとることにした。むら子はいないが父、母に長女の蔦奴ことタネ、長男・正時、次男・正夫、三男・武男は早逝したので三女から五女・末子まで九人が食卓を囲む賑やかさであった。

食後は弟妹たちに見送られながら家を出て、喜楽へと向かった。置屋へ着くと、ありがたいことに南検番の上田取締役が先に見えていた。自分の姉に直接的な経営を任せ、たまにしか顔を出さない女将もその日はいて、蔦奴の今後について話し合った。その結果、一九二二(大正十一)年の七月十日に三年振りのお披露目をすることになり、新しい源氏名も喜代治と決まった。

源氏名は八重丸→成金→千成→蔦奴ときて喜代治で、これで五つ目の名前である。この名は、一年前まで同名の芸妓がいたが、いい殿方に落籍されたので大事に験担ぎで、プロ野球の永久欠番のように温存されていたのを復活させたものらしい。お披露目のころの喜代治は、花もときめく十八歳。同じ置屋で同僚の芸妓には三歳上の金竜と、一歳下の若竜がいて、どちらも人気にしていたが、二人と較べると垢抜けて輝きが違った。検番の者も揚屋の者もさすがと思っていたようだった。

そしてほどなく、歌会で知り合った上山という二十四歳の若い客の馴染みもでき、一カ月は飛ぶように過ぎて行った。木村伊兵衛からの便りも二度ほどあったが、家で燻っているようだった。

そうするうち同年八月なかばのある夜、喜代治が床に就きかけたところに半鐘が鳴った。かなり近所で火事が起こったようだった。喜代治が外へ出て様子を見てみると、とくに異状はない。そこで裏門へ回ってみたところ、そちらのほうの火の回りは酷かった。

「ワーッ、家の裏が火事だ」と喜代治は絶叫した。

置屋の建物内へ戻って厨房を覗いたところ、そこには既に火が回っていた。パニックになった喜代治は右往左往し、何を詰め込んだか自分でも記憶にない風呂敷包みを手に持って表へ駆け出した。火は芸者部屋にも容赦なく襲いかかっていた。

置屋の四、五軒先には墓地があり、そこが遊里の者たちの避難所になっていた。南検のあったところは現在の南林寺町界隈になるが、そこは一九一九（大正八）年まで南林寺墓地があった場所でもある。ほとんど繁華街に隣接する地域であっただけにその年以降、墓の大半は移転されたが、移転の容易でない無縁仏は平成の現在も臨済宗南州寺の隣に残っている。喜代治が避難したのも、程近い場所だったのかもしれない。

ところで同僚の芸妓の金竜は、喜代治に、持ち出した品物を見ていてくれ、「もう一つでも二つでも、持ってくるさかいに」と野次馬を掻き分けて置屋のほうに戻っていった。金竜は数刻のちに手ぶらで戻ってきた。そして「もう喜楽駄目やった」と消沈していた。

二時間後ぐらいには、火事はようやくおさまったが、南検の建物は十軒が全焼し、白煙が地面から立ち上っているありさまだった。それが夜中の三時半ぐらいで、喜代治は置屋の女将や女中がうまく逃げられたか気にしながら、自分の持ち出した風呂敷包みの中身を改めてみた。枕が二つ、それも一つは自分のものではなかった。それに下駄が一足と片っぽ、あと座布団が一つ。これで全部だった。「腹が立つやら、おかしいやら、新調してまだ一と月くらいしかならないのに、おしくて仕方がない」と本人は述懐しているが、喜代治のように度胸があっても咄嗟のことでは慌ててそんなものだろう。同情を禁じ得ないことである。

夜が明けて朝方、喜楽のあった前の道に、喜代治は金竜と荷物を置きしゃがんでいると、同業の別の置屋の女中が「喜楽の皆さん、家の離れにおじゃんど」と荷物を持って先に駆けて行った。早く飛び出した人は、うまい具合に助けの手が伸びたようだ。うろたえていた喜代治たちは、他人の枕まで持ち出していた。そんなこと誰に「頼まれもしないのに」と、助かった皆で大笑した。後でわかったことだが、火事は放火のようだった。喜楽と隣りの建物のあいだから出火したということだった。一と月経っても犯人は検挙されず、お宮入りの様子だった。

火事がおさまってから二、三日後、喜代治は、木村伊兵衛に顛末を知らせた。するとほどなくさまざまな反物や紐類が届いた。「嬉しさに飛び上がりたいほどだった」と自叙伝には述べられている。木村はしかも、お金まで送ってきてくれたのだった。

そんなことがあってから、喜代治の木村への心の熾きが再び燃え上がった。木村に逢いたい一心で喜代治は、身の細る思いがする毎日だった。喜代治はほかの上顧客からも見舞金を貰い、思いのほどを告げられたりもしたのだが、やはり木村のことしか考えられないのだった。

その上顧客の一人で、二十代と若い上山という客には木村のことを告白してしまった。これで諦めて引き下がってもらえるかと思っていたが、いっそう喜代治のことを好きだと言われる始末だった。上山に逢っているときも「今、その人を思い出しているのでしょう」とせめられる塩梅だった。

それが嫌さに、ふいと座敷を抜け出したことも幾度かあったほどだった。

また六十五歳の石田という客からは、落籍そうとして懸命になって返事を迫られた。喜代三はそればかりはと固辞した。

そうこうするうち十月になった。最愛の木村からは一カ月も便りがないままだった。あれほどの約束をし合った仲である。心変わりしたとは俄かには信じられず、喜代治は木村の母親に手紙を書いた。するとすぐに返事がきた。木村は元気にビリヤード（当時は「撞球」）に行ったり、写真を撮ったりしている。心配せず時節到来を楽しみに暮らしてほしいという内容だったが、なぜ母親に書かせて自分で筆をとらないのだろうと大層気になった。いっそ自分から東京へ行ってみようか、そんなことを思いはするが、いざ実行に移すとなるとさすがに逡巡した。

だがさらに一と月が経ち、十一月になると上京する心が決まった。「喜楽」へは長吉という知合いの女性の縁で熊本からお座敷がかかったとうそぶいて出かけることにした。ただ東京でお座敷をつけてもらえればという考えだけは本当のところだった。

そして列車に乗り、喜代治はついに東京へ出発した。鉄道での旅は「門司から先は、行ったことのないところ、下ノ関からは、窓に映る物が、すべて珍しい」という具合だった。夜の神戸、大阪、京都と都会への憧れを募らせながら喜代治は東上する。駅では鰻丼を買って賞味しながら一路、東京へ向った。夜になると、明日の夕方には愛しい木村と再会できる。そのように思うと揺れる車中でも安眠できた。

夜明け方、名古屋に到着した。「ここも大きい町だ、東京はこの倍はあるだろう」といよいよ帝都への思いは募った。横浜へ着くと逸る気持ちを抑え切れず、車掌に、東京まであと何時間ぐらいかかるか尋ねたほどだった。そして喜代治はとうとう東京駅に着き、帝都に降り立った。

降りたホームでは赤帽に日暮里まで行くにはどうしたらよいかを尋ねた。すると赤帽は喜代治を案内し、タクシーの運転手に日暮里までと言づけてくれた。喜代治はさっそくタクシーに乗り込んだ。目的地までは「随分乗りであった」。運転手は親切で派出所へ行き、木村の住所を聞いてくれた。喜代治は運転手に運賃二十銭(現在の約四百円)とチップを渡した。かくして木村伊兵衛の実家の前に着いた喜代治は信玄袋を抱え持ち、軽羹《かるかん》饅頭の折一箱を手に提げて表に立っていた。

大正時代のこのころ既に、鹿児島の土産物といえば軽羹、それも餡入りの饅頭がポピュラーとなっていたようだ。軽羹は山芋を主原料に米粉と砂糖を加えて膨らした菓子である。そしてこの菓子は二十世紀後半まで、島津斉彬が江戸から招いた明石出身の菓子職人の八島六兵衛の手により一八五四(安政元)年につくり出されたというのが通説だった。六兵衛が出身地を店名にして創業したのが平成の現在も続く老舗菓子舗の「明石屋」ということもあり、そう信じられてきたようである。だが平成のごく最近、一七一五(正徳五)年の薩摩藩の藩主用の献立に、羊羹とともに軽羹が供された記録が見つかったそうだ。

巷間言われているより歴史がさらに古いらしいことがわかってきた伝統菓子の軽羹は、鹿児島が舞台となった映画でも、是枝裕和監督の『奇跡』(二〇一一年)や佐々部清監督の『六月燈の三姉妹』(二〇一三年)などでクローズアップされている。鹿児島でこの菓子を知らない者は鹿児島人としてもぐりであり、幼いころから空気のようにある菓子と思ってきた。だが二〇一一年(平成二十三)年に、映画検定一級メンバーが全国から多数集結する和歌山県田辺市の映画祭に参加した筆者が、映画仲間に賞味してもらおうと土産に持っていったところ、全国メンバーで半数は知っていたが、残りの半分は知らなかった。それどころか「かるかんってペットフードじゃないんですか?」などと言われてしまった。これには大ショックを受けたものである。

だいたい軽羹は小さいころから空気のようにある菓子といっても、駄菓子のようなイメージではなく、やはり昔から地元の高級菓子の感じであった。歴史を遡っても、江戸時代中期までは和菓子は全体に高価なものだったが、一七八六(天明六)年に菓子類の値下げが発令されたころでも、軽羹一箱は日本酒一斗とほぼ同程度の価格だったらしい。友人のペットフード発言はそのことを思い出していっそう衝撃的であった。

土産の菓子の話でだいぶ脱線してしまったが、ともかくそうして土産物を手に佇立していた喜代治は、なかなか家の中に入る踏ん切りがつかなかったが、そばを近所の者が通りかかったりしたので、ようやく決心がつき、玄関の戸を開けて木村家の建物の中に入った。

「ごめんください」と言っても何の返事もなく、ようやく数度目で十代半ば年の少年が姿を見せた。さっそく名前を言って取りついでもらうと、色白の小柄な女性が表に出てきた。それが木村の母のとくであった。齢のころは「四十がらみ」ということだった。とくは家の奥へ向かって「お父っつあん、お父っつあん」と声をかけた。

ほどなく父の猪太郎が姿をあらわした。容貌はなるほど伊兵衛そっくり。無口な好人物でさっそく座布団を出してくれ、遠路はるばるやってきた喜代治へ気を遣ってくれた。猪太郎は帯締め、羽織紐などを作る製紐業を営んでいて自宅を工場にしており、事業は成功をおさめていた。それで隣の間では絶えず機械の音がしていた。だが銀杏返しに結髪していた喜代治がやってきたのを目にした若い雇用人たちが、ガラス一枚を隔てた向こうから鵜の目鷹の目で覗きこんでいた。喜代治は彼らが自分を娘と思うか芸者と思うだろうかと想像をめぐらしながら、手土産の軽羹饅頭を両親に渡し、伊兵衛が出てくるのを待っていた。

すぐにも伊兵衛が顔を出すと思っていたが、そのときは不在で玉突きに行っているとのことだった。戻ってくるのを待つあいだ、近所の銭湯に浸かってきたらと勧められた喜代治はそうすることにした。

湯水の蛇口が幾つも並んだ東京の銭湯をさすがと思いながら喜代治は旅の垢を流したが、五カ月ぶりに木村に逢える嬉しさに気が逸り、おちおち湯殿に浸かってなどいられない心境だった。風呂をそのようにたいがいで切り上げて木村家へ戻ると、猪太郎が「馬鹿に早かったね」と声をかけた。

木村の家で喜代治は伊兵衛の帰りを待っていたが、いっかな帰って来ない。どうやら玉突きから他所へ回ったようで、首を長くして待っていたが、伊兵衛の両親や兄たちと夜食を済ましても、夜の十一時過ぎになっても帰って来なかった。

りくは喜代治に「もう先に寝たほうが……」と言って蒲団を敷いてくれた。寄る辺なく床へ入ったが、とても眠れなかった。「私というものが、彼の心の中にいなかったら、そのときこそ死んでやる」「そんなはずはない、私の思いすごしだ」そんな思いが交錯していた。

だがさすがに旅の疲れが出たようで、喜代治はうとうとし始めた。そこへ人の気配に、はっと目が覚めた。

木村伊兵衛がそばに来ていた。だがそんなに驚いた感じでもなく、何しに来たんだろうという素振りまで窺えた。伊兵衛はあまり口をきこうとしなかった。木村が自分への愛着をなくしているのではという懸念を喜代治は抱いていたが、木村のつれない態度はそのことを証しているようだった。頭を反対側に向けて横になった喜代治の頬には、涙がとめどなく伝わった。

[19] 伊兵衛と東京

泣き寝入りした喜代治は、いつの間にか朝を迎えていた。

七時ごろ床を抜け出して台所へ行ったが、とくから、木村は一時ごろ帰ってきたようなので昼にならなければ起きない、だからゆっくり寝ているようにと言葉をかけられた。だがひとたび起きるともう眠れるものではなかった。そして木村の両親と三人で朝御飯にしたが、胸がいっぱいで一膳の飯でさえようやく喉を通るありさまだった。両親は喜代治のことをいろいろ気遣ってくれたが、喜代治は気づかぬふりをして木村家の掃除をやり始めた。

そのうち昼近くになったので伊兵衛の寝ている二階へ上ってみると、木村は目覚めているようなのに向こうを向いてわざとのように寝返りを打った。喜代治は、こんな仕打ちをされる覚えはないのにと腹立たしい思いをして階下におりた。すると時間をおかず木村もおりてきて、黙然と朝昼兼用食を食べ始めた。食事が終わると「玉突きに行く」と、その一言だけだった。母のとくはその言動を叱ったが、いうことを聞かず出かけて行った。とくは心配するな、何か考えがあってのことだろうから、気の済むようにさせるしかないと喜代治を励ました。

お陰で喜代治は実家の仕事や食事の準備を手伝うのに忙しくしていたが、夕飯どきに伊兵衛も帰ってきた。そして一緒に食事をしながら、ともに居られるのが嬉しい反面、伊兵衛を「なんて冷たい人だろう」と思った。

そしてその夜、ついに喜代治は堪忍袋の緒が切れた。

「伊兵衛さん、私がそんなに嫌いになったのですか。相談しないで来たのは悪かったかも知れませんが、こうでもして来なければ便りはなし、鹿児島ではいろいろ私の面倒を見たいという人もあって思案にあまり出てきたのです。昔の気持ちがあなたにないとすれば、私は死ぬ覚悟でいます。いまさら鹿児島へも帰れません」と胸中をぶつけ、泣き出した。

木村は暫時黙していたが、「済まなかった、昔の女に出遭い、忘れたつもりはなかったが、勘弁してくれ」と詫びを言った。これには喜代治はどうしようもなく、喜びにうち震えてさめざめと泣いた。

翌朝は生き返ったような気分で早起きし、伊兵衛と一緒に外出した。電車に乗って鶯谷で下車し、伊兵衛とまるで新婚旅行のような気分で根岸の「笹の雪」へ食事に行った。笹の雪は豆腐料理の老舗料理店で、熱した絹漉し豆腐に葛餡をかけた料理が名物として平成の現在まで知られている。賞味した喜代治はすこぶる感激し、「鹿児島にはこれほどの物はない」と述べている。

食事しながら伊兵衛と酒も汲み交わしたのち、喜代治は上野公園へ。それから浅草の仲見世へ。浅草寺（浅草観音）で詣で、そのあと新国劇の劇場に入った。場内は超満員で、あちこちから「澤田、澤田」と声がかかっていた。

この澤田とは新国劇をつくって座長をつとめた大衆演劇の人気役者、澤田正二郎（一八九二〜一九二九）のことである。新国劇とは歌舞伎よりもリアルな立ち回りを多く見せる時代劇の芝居のことで、そこにいて実在した人物に『殺陣師段平』としてマキノ雅弘監督、黒澤明脚本の同名の映画（一九五〇年版）でも有名な市川段平がいる。なおこの映画では、段平には月形龍之介が、そして澤田正二郎には市川右太衛門が扮している。

澤田正二郎は「澤正」と呼ばれて親しまれ、舞台のみならず映画にも、牧野省三監督の『國定忠治』、菊地寛原作で同じく牧野監督の『恩讐の彼方に』、衣笠貞之助監督の『月形半平太』〔いずれも一九二五（大正十四）年〕などに出演した。

喜代治は「赤城山のところなど大変面白かった」と言っているから、この日の演目は国定忠治だったのだろう。生まれ故郷の赤城山を幕府の役人に追われ「赤城の山も今宵限りか」という忠治の名文句は新国劇の舞台でも映画でも大人気を博した。喜代治は澤正をレコードで愛聴しているだけに、生の声はなおのこと名調子だったとのことである。そして澤正のような大スターを何げに目にできるとは、さすが東京というところであった。

芝居を観たあと、寺の裏通りを二人して歩いた。通りを抜けると「艶歌師が『枯れすすき』を唄っている。いい唄だと思い四、五回聞いているうちに覚えた」とのことである。「枯れすすき」とは前年の一九二一(大正十)年に野口雨情・作詞、中山晋平・作曲で発表され、一九二二年に「船頭小唄」と改題された曲のことである。

艶歌師によって唄われたこの曲が、自分にとって後年もっと大きな意味を持つことを、このときの喜代治はまだ知らなかった。

喜代治と木村は、だいぶ辺りが暗くなってきた路を歩いてお酉様へ行った。熊手を買って参詣したが、人出の多さに、本堂に着かぬだいぶ先から拝んだ。これからもっと人出が増えると聞くと恐ろしくなり、人混みをかきわけてようやく抜け出し、木村家へ帰り着いたのは夜の九時ごろだった。

それから二日後には新富座の入場券が取れたので朝から一緒に出かけ、羽左衛門、梅幸、菊五郎ら大看板の顔見世興行を観劇した。演目は「助六」「菊畑」「め組の喧嘩」などで、喜代治は名役者の名演を十二分に堪能した。

幕間には場内に目を向けてみた。左右両方の最上部の座席には、新橋や柳橋、赤坂あたりの一流どころの芸者たちが並んでいた。彼女たちを眺めているときばかりは、最愛の木村の存在も忘れてしまったようだった。

木村家に帰ったあとも、喜代治は歌舞伎の余韻が醒めやらなかった。自分ほど幸せ者があるだろうかと木村に感謝の気持ちでいっぱいだった。

その夜、喜代治は二、三日後には鹿児島へ帰郷することを告げた。木村は、喜代治を東京にとどめておきたいが工場の借金で身受けまで手が回らない、だからもう少し辛抱してほしいと頼んだ。喜代治は、その日が来るのを一日千秋で待っている思いを伊兵衛に告げた。そうしてお互いに心の変わらぬことを誓い合った。

翌日も喜代治は木村と浅草へ出て花屋敷へ行った。そのあと当時一番の高層ビルだった「十二階」(凌雲閣のこと。浅草名物の建物で、高さ六十七メートル、煉瓦造で、当時珍しいエレベーターもついていた)へ昇り、帝都を眺め回した。その後は、隅田川の河畔をそぞろ歩いて名残りを惜しんだ。

喜代治は数日後、伊兵衛や彼の家族たちに見送られて、後ろ髪引かれながら列車で東京駅を出発した。伊兵衛恋しや、車窓から伊兵衛の姿を見ようと顔を出したまま新橋駅まで進んでしまったほどだった。

そうして二日後、故郷の鹿児島へ帰着した。伊兵衛に会いたい一心で鹿児島を出てから十日間のアバンチュールであった。帰り着くとどうしようもなく寂寥感が胸に湧いたが、伊兵衛の頼みを聞き入れて木村の両親が用立ててくれた十日分の座敷代と土産の品を持ち帰れた。

喜楽でもどこでも、暫くは東京の話で持ちきりだったが、帰り着いた当日から喜代治は検番へ顔を出してまた働き始めた。

再び忙しい日をおくるうち、東京で聞いた「枯れすすき」が作中で歌われる岩田祐吉、栗島すみ子主演で池田義信監督の映画『船頭小唄』(一九二三年)が鹿児島でも封切られた。喜代治はさっそく見に出かけた。喜代治には主演の岩田に伊兵衛の姿が重なって見え、さめざめと涙を流した。「枯れすすき（船頭小唄）」は鹿児島市内でも大流行りだった。喜代治もお座敷で三味線に合わせてたびたび唄った。

伊兵衛から「お前がいなくなって淋しくなり、飛んで鹿児島へ行きたい」と手紙が来た。こうなると喜代治も、いてもたってもいられない。二人の気持ちは同じと思うと「枯れすすき」を唄っては泣き濡れた。

そうして十二月二十日、恋慕の思いはおさえがたく、喜代治は化粧用具と着替えの服一着と寝巻きを一着、風呂敷に包んで、発作的に黙って夜汽車へ乗り込んだ。列車が動き出してから、喜代治は車中で身体が震え出した。明日にはお座敷のかかった料亭へ検番から問い合わせがあり、家族へも知らせがいくだろうと想像した。そんなことを考えていると恐ろしさがいっそう募った。東京へ誰か捕まえに来ているのではとも想像し、難を避けるために品川か新橋で下車も考えたが、結局は東京駅で降りた。

あたりを窺いながらタクシーで木村家に乗りつけた。伊兵衛の母親は喜代治が追われているのではと心配したのか、すぐに家の中へ通してくれた。家には伊兵衛は不在だった。部屋に蒲団を敷かせてもらって横になった。

暫くしてから起こされた。そうして顔をあげてみると、伊兵衛の顔がそこにあった。喜代治は伊兵衛の胸に縋って泣いた。階下に降りると伊兵衛の両親は、鹿児島へ明日にでも電報を打つ話をしたが、喜代治は「迎いが来ても帰りません、死んでも帰りません」と泣き濡れるばかりであった。

そして翌日、喜代治が髪結いへ出かけているあいだに、鹿児島から猿みたいな人が来たと木村家の工場で働いている新ちゃんという若者が知らせてくれた。結った丸髷を崩さぬよう気をつけながら恐る恐る木村家へ戻り、勝手口から入って家の中を覗くと、そこにいたのは検番の坂崎という男だった。喜代治は坂崎に対面し、伊兵衛の親に心配させてもいけないので「どうも済みません」と、それくらいのことしか言えなかった。

坂崎は「あんたとんだことするさかい、喜楽はん、お父っつあんもえらい心配や。二人に頼まれて、わてが来ました」ということで、鹿児島へ帰るよう説得した。喜代治は「帰るくらいなら、こわい思いして逃げて来ません。死んでも嫌です」と固辞した。「それならお父っつあんに、来てもらわにゃなりません」と坂崎。「父が来ても帰りません」と喜代治は言い切った。

らちが明かないと思ったのか、その日の坂崎は宿泊先へ引き上げて行った。

だがそれから三日後、坂崎は喜代治の父の正義を伴って、再び木村家へ訪れた。正義は喜代治を怖い目で睨んだ。

木村の両親へお礼と詫びの言葉が交わされたが、そのあとで揚げ代の相談が伊兵衛の父親からなされた。だが喜代治の借金などを勘案すれば、それは当時の二千五百円(現在の約千三百万円)という巨額であった。話はすんなりとは行かず、正義は喜代治に国許へ帰ることを諄々と説いた。

これに対し喜代治も、自分のせいで皆が苦しんでいることを思い、あと数日、木村の家へ置いてもらえれば帰ると伝えた。坂崎はそれで了承したが、正義は頑迷に聞き入れなかった。年の暮れも迫って忙しいので、明晩七時の列車で出発するので準備しておくよう告げられ、半ばどさくさ紛れに帰郷が決まった。木村は、春にでもなれば金の工面をするので、それまで大人しく鹿児島で待つように喜代治を励ました。

翌日、伊兵衛へ喜代治は涙声で「今夜帰ります。一日も早く呼び寄せてくださいね」とようやく口に出して言った。木村家の二階の部屋の鏡台で、喜代治は丸髷をほどいた。喜代治は伊兵衛に、もうこれきりで逢えないのではという思いに突然かられ、前髪を鋏で切った。その髪をちり紙で包み「私と思って持っていてください。私の心の変わらぬ誓いです」と伊兵衛に手渡した。伊兵衛はそれを懐深くにしまい込んだ。

その姿を見ていた伊兵衛の母親は泣きながら室内に入ってきて「こんなに思いあっているのに、何ともならないなんて」と嘆いた。喜代治は伊兵衛の母に「お母さん」と取り縋って泣いた。

列車の発車時間の一時間前になると、正義がせき立てるので喜代治は気ぜわしく木村家の人びとに別れを言って屋外へ出た。だが幾らもせぬうちに伊兵衛にもう一度逢いたい思いが募ってきた。伊兵衛のもとへ戻る口実を思案投首し、財布を忘れたと正義たちに告げた。木村家に引き返し玄関の戸を開けると、伊兵衛はまだ部屋に戻らず戸口そばにいた。

喜代治は「伊兵衛さん」とすぐに抱きついた。正義たちも間をおかず中に入ってきて、時間もないからと言って喜代治を伊兵衛から無理矢理引き離し、タクシーに押し込めた。

東京駅では列車の発車までまだ時間があった。喜代治は正義たちと距離をおき、一人ぽつねんと待合室に座りこんでいた。やがてホームじゅうに発車のベルが鳴り響き、喜代治は後ろ髪引かれる思いで列車に乗り込んだ。喜代治は車中の人となり、伊兵衛のいる東京を後にした。

そうしてそのときが伊兵衛との、ほとんど今生の別れとなった。列車に乗ってすぐのころは父たちに腹を立てていたが、そのうち空腹を覚えて駅弁をぱくついたとのことである。さすがに立ち直りの早い喜代治らしい。

鹿児島に帰着後、喜楽では暫く、ばつの悪い日々を送った。馴染客からもしぼられた。

そうこうするうち一九二三(大正十二)年を迎えたが、一月も末のころ、伊兵衛の母から手紙が来た。それは、あれほど伊兵衛や自分たちにまで約束しておきながら、喜代治がその気なら、こちらにも考えがあるという腹立ちを伝えるものだった。そして「あんたのお父さんの手紙を入れておきますから読んで返事ください」と綴られ、知らぬ間に正義が出していた手紙が添えられていた。そして正義が書き送った手紙には「このたびは、大勢参上し大変ご迷惑をかけました。さてたねも、只今では後悔し、嫁となる気持ちはあきらめたと申しております。東京には、よい嫁さんもたくさんおられることでもあり、田舎者では、いづれあいそをつかされることも目に見えるようです。どうぞ、ない縁とあきらめてください」と綴られていた。

そもそも伊兵衛とは初対面からよい印象を持っていなかったとおぼしい正義が嘘を書き送っていたことを知り、喜代治の父への憤怒が新たになった。けれど冷静になってみれば、いかに焦ってみても人生はケ・セラ・セラで、なるようにしかならないものではという思いも湧いてきた。そうしてついに決心し、伊兵衛の母親に「父がびんぼうなうえに弟妹は八人という大家族で、私がそばにいて孝行しなければ、とても一家は立って行けそうもありません。芸者として私は一生を終るつもりです。どうぞ私のことは、おあきらめくださって、よい嫁さんを、お迎えになってくださいませ」と書いて出した。

その手紙を出してからというもの、伊兵衛との関係は否応なくフェードアウトした。

[20]センター芸者と男装の令嬢

伊兵衛と別れた喜代治はいっそう芸に打ち込んだ。客のもてなし方も腕を上げた。末広の座敷で、ユニークなある客から「ここに二十五銭あるさかい、これで一人五銭ずつ持って、牛肉、それから玉ねぎ、豆腐、醤油、木炭、みんな五銭づつ買うといで」と言われ、集まった芸妓の五人のほかの若い四人は困りきって出かけたが、喜代治は真っ先に買ってみせようとこっぽりを履いて肉屋へ行った。肉屋は五銭(現在の約八十円)の牛肉など売ったことがないと大笑いした。つられて喜代治も笑った。肉屋は笑いながらも五切れをくれた。それをさらにこま切れにしてもらった。喜代治は肉屋の笑い声を背にしながら、客のもとへ急いで帰った。

座敷にほかの芸妓はまだ戻ってきていなかった。客人は「どれどれ見せてみいな」と言い、喜代治の買ってきたこま切れの肉を面白がった。遅れてほかの芸妓が帰ってきた。めいめいが買ってきた品を手にして笑いこけた。喜代治が買ってきた肉は、さっそく自分が鍋奉行となり、皆で食べながら酒を飲んだ。こういうことがあってから、この客が末広に来ると五人が揃った。なかなかに粋《すい》な客だった。

三月、四月の年度がわりの時期になると東京や大阪からの客の指名も多く、喜代治は酌をし、さしつさされつ、また舞踊の芸も披露した。おまけに鹿児島弁を強調した演説の漫談も考え出し「喜代治を呼べば十人も芸者がいるようだ」と評判を取った。

このように喜代治は、芸の腕をあげ、またその人柄もあり客はもちろんのこと同僚からも愛されて、ますます人気は上昇していった。なお喜代治がこのように人気沸騰で繁忙を極めていた一九二三(大正十二)年の九月一日、マグニチュード七・三の、未曾有の大地震の関東大震災が起こり、喜代治はそのニュースを新聞の号外で知った。

すぐに気になったのは伊兵衛の消息だった。日暮里の家は無事だったろうか。自分がそのときもし東京にいたら八方火の海で大慌てだったろうと思いもした。新聞の続報を読んで、改めて被害の大きさを知り、悲痛な思いを抱かされた。

そして大震災から十日ほど過ぎたころ、木村家へお見舞いの手紙を出した。ほどなく伊兵衛の母親から懐かしくも丁寧な便りがきた。喜代治は嬉しさで胸がいっぱいになった。木村家の皆は焼け跡にバラックを建て、何とか過ごしているとのことだった。喜代治はただちに見舞いの品として枕崎名産の鰹節を二十本贈ることにした。

　すると再び伊兵衛の母親から手紙があった。それには「大変、結構な物を頂戴いたしまして、ありがとうございました。こんな嬉しいことはありません。あなたも無事で何よりと存じます。あれから後、よい娘があって、伊兵も嫁をもらいました」（自叙伝の記述のまま）とあった。

　喜代治はこれでよかったのだと自分を納得させた。そして結局ご縁がなかったのだとはっきり諦めがついた。そして気分一新に、当時ブームになってきていた乗馬に熱中した。市内の鴨池にあった教練所へ通い、持ち前の負けん気の強さで気性難の馬でも乗りこなせるまでに上達した。

　喜代治は検番へ馬で乗りつけることまでやらかした。そうして検番の二階にいる芸事の師匠に声をかけると「なんやね、肝心な、余興の稽古もそっちのけで」と怒られた。喜代治は詫びを言ったが「本格的なお転婆は、この頃から発揮された」のだった。

　この乗馬熱を明かすものとして、博文館発行の雑誌「文芸倶楽部」に、鹿児島の代表として喜代治の乗馬姿が載ったほどだった。この雑誌は一八九五（明治二十八）年に創刊され、一九三三（昭和八）年の休刊まで続いたが、当初は純文学雑誌で、樋口一葉の『にごりえ』（一八九五年）は同誌に掲載されている。また『たけくらべ』も他誌の転載というかたちで掲載された。初期の執筆者には徳田秋声、国木田独歩、幸田露伴、永井荷風らがいていかにも純文系だが、大正時代より後はエンタメ化した。岡本綺堂の『半七捕物帳』（一九一七年）や佐々木味津三の『旗本退屈男』（一九二九年）も同誌の掲載作品だから、およそ当時のカラーが想像できるだろう。そのころの同誌が芸者の乗馬姿を載せたとなると大衆の話題を呼んだのは想像に難くない。

とうぜん帝都のほうからの遊里の客も話題の喜代治をとお座敷の指名も増えた。帝都方面のみならず、錦江(鹿児島)湾に外国の軍艦が寄港したとなるとイギリス人やフランス人からのお呼ばれも増加した。お座敷では喜代治は、外国語を喋れなくてもチャールストンを強心臓で踊るなどして楽しませた。異国の軍人たちからお礼にカフスボタンまで贈られた。外国人の座敷に呼ばれるたびに「お前はパパかママがちがうだろう」と言われた。そしてそのたびに、「そう、パパは外国人です」というような返答をするほどだった。

喜代治の人気を聞きつけて新聞社もやってきた。そして依頼で県内の垂水(現・垂水市)の温泉旅館に行き、新聞記者を交えた外人とのインタビューに応じることになった。記者と外国人たちはまだ到着しておらず、喜代治は先にひと風呂いただこうと女湯に入った。

すると浴槽のそばで、十代半ばの少年が入ってくるのに気づいたので躊躇ってしまった。喜代治がそうしていると少年は向こうを向いて、今度は男湯へ入って行った。そのうしろ姿に、喜代治は「なんと色の白い美少年だろう」と見惚れた。風呂は男湯といっても風呂場の両方の境に小さな潜り戸がある程度のものだ。隣りの男湯に浸かっているのは少年一人とわかっている。それで喜代治は少年を「もう一度正面から見たかったがそれっきり逢わなかった」そうである。

ところが数日後、鹿児島市内の劇場の中座でまたこの少年と僥倖にも再会した。上演された歌舞伎芝居に、何とこの少年が出演していたのである。そしてこのとき同僚芸者から教えられ、この少年と見えたのが女子で《男装の麗人》、のちに《東洋のマタ・ハリ》と呼ばれた川島芳子であることを初めて知ったのである。

川島芳子は一九〇七年に、清朝の王族の第十代粛親王善耆の第十四王女、愛親覚羅顕子として誕生し、粛親王の友人川島浪速の養女となって長野県の松本で育った。中国に渡ってからは関東軍に通じ、軍の自作自演とされる上海事変(一九三二年)勃発の下工作をしたといわれる。また軍が華北侵略を狙った第一次熱河作戦(一九三三年)を開始したときは熱河自警団総指令となった。さまざまな防諜活動で《東洋のマタ・ハリ》との異名を馳せてすらいたが、二次大戦終結後は中国国内で、国を裏切った漢奸容疑で北京の監獄に収監され、一九四八年に銃殺刑に処された。芳子は川島の養女だったが正式に戸籍には入っておらず、また当時の中国の国籍法は血統主義をとっていたため父親が中国人である限りあくまでも中国人と見做され、日本人ということで罪を免れることはできなかった。まさに戦争に翻弄された悲劇の人生を送った女性だが、男装にこだわっていたということは、今でいう、性同一性障害の深い悩みもあったのかもしれない。喜代治が遭遇したのは大正の終わりごろだが、このころ川島は十五、六歳だ。「男装」での美しさは輝くばかりであったろう。

そして時は移り一九二六(大正十五)年十二月二十五日に大正天皇が崩御、昭和の時代となった。

喜代治の人気はうなぎ登りで、ますます目の回るような忙しさとなっていた。

鹿児島県知事・松本学(一九二七年就任、任期一年。なお当時の県知事は公選でなく官選で、その第十六代知事である)の座敷にも上がった。知事はもとより、鹿児島にやってきた政財界の要人の酒席には決まって喜代治が呼びつけられた。

一九二八(昭和三)年に憲法学者の上杉慎吉(一八七八~一九二九)が来鹿した際にも座敷に上り、可愛がられた。上杉は、天皇は神であり、天皇の統治権はその一身に属する権限で絶対無限だとする「天皇主権説」を唱えた。統治権は法人たる国家にあり、天皇はその最高機関とする「天皇機関説」を唱える美濃部達吉と激論をやりあったが、そういう話題となりそうなバトルに加え、元老・山縣有朋と太いパイプを持つことが知られ、さらに関東大震災で朝鮮人たちが、警察も片棒を担いだとされる流言で迫害される事件が起きたときには責任の所在を厳しく追及した好漢として、テレビもインターネットもない当時でも全国的に有名人であった。

帰京する上杉に「私が駅までお送りいたします」と喜代治が言うと、「それは嬉しい。東京まで送ってくれると、なお嬉しいがナ」とジョークで返された。「ええ東京までもお送りいたしますヨ」とこれに返した喜代治は、本当に列車に乗って東京まで行ってしまって周囲を驚かせた。しかも東京土産を買って数日後しゃあしゃあと帰ってきたのだから皆の開いた口が塞がらなかった。

翌一九二九(昭和四)年には大倉財閥の総帥で、ホテルオークラでわが国のホテル業界に大きな業績を残した大倉喜七郎男爵(一八八二~一九六三)の宴席にも呼ばれた。喜七郎は威張ったところがないうえに気前がよかった。また派手好みでもあったようで「バロン・オークラ」と呼ばれて親しまれた。性格の似た喜代治とはさぞ気心があったことだろう。

このほか同年には、日本勧業銀行(旧・第一勧銀、現・みずほ銀行)の第六代総裁で、のち広田弘毅内閣で大蔵大臣を務めた馬場鍈一（一八七九〜一九三七）、「日本の製紙王」と呼ばれ大川財閥を築いた大川平三郎（一八六〇〜一九三六）、当時衆議院議員で、のち鉄道大臣（第十九代、一九四〇年）となり戦後は参議院義長にもなった松野鶴平（一八八三〜一九六二）、洋酒販売の大店の近藤利兵衛（一八五九〜一九一九）らの酌をつとめた。それからあの渋沢栄一（一八四〇〜一九三一）の宴席も勤めている。

幕末に勤皇思想を持ちながら徳川慶喜の幕臣となっていた渋沢は、明治時代以降の財界での活躍で「日本資本主義の父」と呼ばれている。じっさい第一国立銀行（現・みずほ銀行）や東京証券取引所の設立に関わった。他にも帝国ホテル、キリンビール、サッポロビールに東京瓦斯、東京海上火災保険、秩父鉄道、秩父セメント（現・太平洋セメント）、王子製紙など、設立に関与した企業は枚挙に暇がない。

しかもこれだけの諸事業に関わっていながら財閥を形成しなかったのが渋沢らしいところで、私利を追求せずに公益を重んじた公人だった。日本赤十字社や理化学研究所の設立にも携わっており、こうした公共事業での活動が認められて、ほかの財閥をつくった財界人が爵位を授かったとき多くが男爵どまりだったのに、ほとんど渋沢のみが「公・侯・伯・子・男」の子爵を授けられたのではないかと推測されている。

また当時の衆議院議員で、一九二五（大正十四）年に加藤高明内閣で司法大臣を務め、一九二七（昭和二）年には田中義一内閣で鉄道大臣の要職にあり、権勢のあった小川平吉（一八九〇〜

一九四二)を「平野」という揚屋でもてなした。小川はその時間に、これも当時の鹿児島県知事の松本学が歓待しようと「青柳」楼で待っていたが、ついに小川は松本の前にはやって来なかった。喜代治は小川の乗る車が松本のいる青柳楼の前を通ったものの道をそれて行ったのを目撃しており、それを松本知事に知らせると、「知事さんの顔色がさっと変った」。

「すぐ県庁の車は飛んだ」――しかし一週間後、松本は上京の途中で知事を罷免された。当時の県知事は現在の公選でなく官選で、中央政府の要人が任免に強い権力を持っていた。喜代治はそれで「小川さんという人を憎らしく思った」とのことである。こののち五私鉄疑獄事件で逮捕される、権謀術数に長けた小川らしいやり口だが、ともかく思いもかけず政争劇に巻き込まれたかたちになった喜代治であった。

このように喜代治は中央の要人が来鹿の際にはほとんど必ず座敷をつとめ、鹿児島の花柳界の中心人物となった。その姿は、平成の現在、人気を集めている女子アイドルグループＡＫＢ48にたとえれば、「センター」に押し出されてなったような感じであった。喜代治は鹿児島で当代一の売れっ子のセンター芸者となった。そしてここから、当人が望むと望まざるとにかかわらず、鹿児島一の芸者から、日本一の芸者への歩みを始めることとなる。

その歩みをよくあらわしているのが、鹿児島にもとは江戸時代以前からあった民謡の「おはら節」をラジオ出演して歌ったことであろう。「おはら節」は、「お多福のような色白で、餅肌をした人のよい」「芸も達者」な先輩芸者の一八がそのころ歌うのを得意としており、「一八節」とまで呼ばれるほどだった。ただし一八は岡山あたりの生まれだったようである。

喜代治はその先輩芸者に可愛がられた。一八の引き合わせで、のちに浅からぬ縁となる詩人で作詞家の野口雨情(一八八二〜一九四五)とも対面できたほどだったが、その一八直々に「おはら節」を教わることとなった。そして一八が事情があって京都へ移り、ほかに「おはら節」の歌い手もいなかったことから、喜代治は思わず知らず後継者となった。そうして喜代治は、NHK熊本放送局の番組に出演することになり「おはら節」「はんや節」「よさこい」「三下り《さんさが》」(三味線の音程を下げたもの)「げんや節」などを歌った。

ここでなぜ鹿児島でなく熊本放送局なのかを付記しておくと、当時、鹿児島には放送局がまだなかったのである。九州初の放送局、日本放送協会熊本放送局は一九二八(昭和三)年に、九州八県を統括する中核局として誕生した。その後、福岡放送局が一九三〇(昭和五)年に九州で二番目に開局したのである(ただし第二次世界大戦後、福岡の大都市化に伴い熊本から徐々に権限が移譲され、こちらが九州で中心の局となった)。これらに対し鹿児島初の放送局となったNHK鹿児島放送局が開局したのは一九三五(昭和十)年のことで、さらに鹿児島初の民間放送局となる南日本放送(MBC)の開局はもっと下って戦後の一九五三(昭和二十八)年となるのだった。

喜代治に戻ると、その後はさらに日本コロムビアから頼まれてレコーディングを行うことになった。大阪にあるスタジオまで出かけ「七、八寸の厚みの台を十台位高く積み上げ」行ったとのことだが、馴れないところへもって自信もないので、頼んで酒を一升準備してもらって録音したとのことである。こんなふうだから録音盤の完成に自信があるとは到底いえず、レコーディングを済ませたのち、夜は眠れないほど苦悩することになった。

ただよかったのは熊本放送局の大村というディレクターが、市川羽左衛門（第十五代、一八七四〜一九四五）と親しい仲だということで、明治政府の外交顧問のアメリカ外交官チャールズ・ルジャンドルを父に持ち、日本人離れのしたマスクで人気のあった菊屋十五代羽左衛門のファンだった喜代治は、かの歌舞伎俳優に帯地を渡して、それにサインをしてもらう約束を取りつけたことだった。大村ディレクターの縁と、ラジオでの唄が評判を呼び、喜代治は熊本放送局にたびたび呼ばれるようになった。

喜代治の活動範囲は鹿児島から県外へ、九州全域へ――そしてゆくゆくは日本全土へ――と着実に広がって行った。

［21］運命の人、中山晋平

日本国内では鈴木重吉の傾向映画『何が彼女をさうさせたか』が話題となり、ルイス・マイルストンが監督し、米アカデミー賞作品賞を受賞した反戦映画『西部戦線異状なし』が人びとの感動を呼んだ一九三〇（昭和五）年の秋、鹿児島では昭和恐慌以来の不況打破を目的として、鹿児島商工会議所主催（鹿児島県・鹿児島市後援）で、翌年四月一日から五月十五日まで「國産振興博覧會」（余談だがこの博覧会のポスター等の現物の資料は、かつて作家・筒井康隆が働いていた乃村工藝社が所蔵している)を催すことが決まった。そしてその宣伝ソングを作ることも決まったのだが、白羽の矢を立てられたのが、作詞で西條八十、作曲で中山晋平の両大家であった。

東京生まれの詩人で作詞家の西條八十(一八九二〜一九七〇)は、筆者の世代には、映画『人間の証明』(一九七七年)で「母さん、ぼくのあの帽子どうしたでせうね?」で有名な「ぼくの帽子」の引用がすぐ思い出されるのだが、児童雑誌「赤い鳥」で北原白秋に比肩する童謡詩人で、また比較的最近では東日本大震災直後、テレビの民放でCMをスポンサーが軒並み自粛したことで公共広告機構のスポットが大量に流されたが、その際、金子みすゞの詩の朗読が多く流された。その金子を見出した人物としても知名度が高い。

また、映画好きにとってはこれら以上に、作詞作品で、作曲の服部良一とのコンビの「♪若く明るい歌声に　雪崩は消える花も咲く」の歌い出しで有名な、映画『青い山脈』(今井正監督)の主題歌の「青い山脈」や、「♪君がみ胸に　抱かれて聞くは　夢の船唄　鳥の唄」と李香蘭(山口淑子)が歌った、映画『支那の夜』(伏見修監督)の主題歌で、異国情緒にあふれ人心をうっとりさせた服部良一作曲による「蘇州夜曲」などが心に残る。また作曲・古賀政男とのコンビでの「誰か故郷を思わざる」や「ゲイシャワルツ」、作曲・船村徹との「王将」などの名曲もあるが、中山晋平とのコンビでは、「♪昔恋しい銀座の柳　仇な年増を誰が知ろ」の「東京行進曲」、そしてわけても、「♪ハァ　踊り踊るなら　チョイト東京音頭」の「東京音頭」が有名だろう。

それから中山晋平（一八五七〜一九五二）である。中山晋平って誰？　そんな人の作曲した作品なんか知りません、などとは本書をお読みくださっている皆さまには言っていただきたくない。

「♪シャボン玉飛んだ　屋根まで飛んだ」の「シャボン玉」（作詞・野口雨情）

「♪てるてる坊主　てる坊主　明日天気にしておくれ」の「てるてる坊主」（作詞・浅原鏡村）

「♪アメアメ　フレフレ　カアサンガ」の「アメフリ」（作詞・北原白秋）

「♪しょ　しょ　證城寺　證城寺の庭は」の「證城寺の狸囃子」（作詞・野口雨情）

「♪こがね虫は金持ちだ　金蔵建てた　蔵建てた」の「黄金虫」（作詞・野口雨情）

「♪柱の傷はおととしの　五月五日の背くらべ」の「背くらべ」（作詞・海野厚）

「♪そそらそらそら兎のダンス」の「兎のダンス」（作詞・野口雨情）

と、これらの童謡は子どものころ誰もが一度は口ずさんだ覚えがあるだろう。そしてこれらのいずれもが、中山が作曲した作品なのである。

中山晋平は長野県生まれ。故郷の尋常小学校で代用教員などをし、当初は文学を志していて一九〇五（明治三十八）年、島村抱月の弟夫人のつてで抱月の書生となる。その後一九一三（大正二）年、抱月が松井須磨子らと芸術座を旗揚げするやこれに加わる。そして一九一四（大正三）年にトルストイの『復活』の劇中歌として発表し、喜代治も芸者の駆け出しのころ松井の舞台を観て聴いた、「♪カチューシャ可愛いや　別れのつらさ」の「カチューシャの唄」（一番の歌詞は島村抱月、二番以降は相馬御風）を作曲するや大ヒットとなり、中山は作曲家の道を歩み始め、押しも押されもせぬ大人気作曲家となった。人気だけではなく、何しろ今では作曲した作品がわかっているだけでも推定二千曲はある、掛け値なしの大作曲家なのである。

また喜代治が愛しい木村伊兵衛を追って押しかけ上京し、東京の街で聞くともなく聞いた、「♪おれは河原の枯れすすき　同じお前も枯れすすき」の「船頭小唄(枯れすすき)」(作詞・野口雨情)、それにもとは芸術座上演のツルゲーネフの『その前夜』の劇中歌で、松井須磨子によって歌われたが、映画ファンは黒澤明監督の映画『生きる』(一九五二年)の中の、志村喬のブランコのシーンで忘れられない、「♪いのち短し　恋せよ乙女　あかき唇　あせぬ間に」の「ゴンドラの唄」(作詞・吉井勇)も中山の作品なのである。

西條は、喜代治がコロムビアからレコードを出したのを知っていて、来鹿の際はぜひ会わせて欲しいと鹿児島商工会議所の者に頼んでいた。一九三一(昭和六)年二月二日、西條と中山が約一週間の宿泊予定で鹿児島にやってきた。そしてその夜、揚屋「青柳」で西條と中山の歓待の宴席が持たれ、当然のように喜代治が呼ばれることになった。邦楽界の両巨匠の前で喜代治は畏まっていたが、西條から次は新小唄をやりたいので協力をと持ちかけられた。飲みつつ語る西條は酒豪だが、中山は静かだった。そこで喜代治は「中山先生にも飲んでいただかねば面白くない」と甘えた声で言ったところ、中山から「今晩は、少し飲みたいようですナ」と言われた。

また喜代治が例の上杉慎吉がらみで東京から帰ってきたばかりなのを知ると、西條が「おやすくないですね」と返し、中山も同調して煽った。喜代治が「そんなんじゃないんですヨ」と言うと、中山たちは、「おのろけを、改めてききましょうネ」

このような感じで宴席はおかしげに進んだが、そのうち「おはら節」や「はんや節」の生の唄を聴かせてほしいと所望された。喜代治が唄によってはレコード盤の歌詞ではなく、鹿児島弁で披露すると中山は西條と揃って大笑いした。

そのあと、両巨匠は「岩崎谷荘」に泊まることになっていて、喜代治は同僚の芸妓の京子、一奴と三人で宿へ送り届けた。この岩崎谷荘は「金持の旅館が別荘になったのだ」と喜代治ことタネが自叙伝で触れているが、実際、宿泊客も、のちにその存在を城山山頂につくられた「城山観光ホテル」に譲ったが、天皇をはじめとする皇族方の常宿になっていたほどだった。そしてこの宿は平成の初めのころまであったのだった。

話は戻って、翌日は西條が喜代治たちを昼食に誘ったため、喜代治は頭部を、島田髷の真ん中をつぶして髪を低くしへこませた潰し島田(圧し髷)という髪に結い、結城縮の絣に黒紋付の羽織姿で同僚芸者と三人で中山たちのもとへ行った。すると中山は喜代治に、「ほう、これはまた、昨日に変わる仇っぽいところを見せてくれましたネ」と言った。それを聞いて喜代治は「おとなしく、無口のようでも、ちょこちょこと面白いことをおっしゃる」方だと好感を持ったのだった。

そして中山たちの鹿児島滞在四日目。喜代治は中山一人から「青柳」に来るようにとの伝言があった。このころ西條のほうは歌詞を書くために市内を取材で歩き回っていた。中山は「ぼくは今日は失敬しちゃった。詞が出来なきゃ、ぼくのほうは全然手の出しようがないので、退屈ですヨ」と言った。これに対し喜代治は「先生だって、ほうぼうご覧になってってください。こんな田舎でもいいところがありますヨ」と酌をし、料理も相伴していたが、そのうち中山から、おはら節の三味線を聴かせてほしいと乞われたので喜代治は弾き始めた。

するとと中山は手拍子を取りながら「唄をどうぞ」と言った。喜代治の歌うおはら節は定型のあるものでなく、その日そのときの気分次第の歌い方のものだったが、それを中山は首をひねりながら懸命に手拍子を取り、喜代治に歌うように促した。喜代治にとっては、まるで自分のほうが教わっているような感じだった。「ぼくがこんなことを言うのはいけないのですけどネ、その時の気分で歌ってもいいですヨ酒席では」「でもちゃんとしといたほうがいいと思いますネ」と唄を聞いた中山は言い、喜代治の歌唱にいろいろ指導を施した。

そして喜代治のほうも、これまでのおはら節は後ろを下げる歌い方だが、明るく歌い出して後ろで節を下げると陰気になるので、自分はこれを上げて歌っていたがどちらがいいか中山に意見を求めた。すると中山は、喜代治がするように後ろの節を上げたほうがいいと思うとアドバイスした。じっさいおはら節は、平成の現在でも後ろを下げるのと、上げる歌唱法の二種類があり、《おはら祭》などでは混在した歌い方のレコード（CD）が流されているようである。

さて喜代治はそれから二、三時間、休憩を挟みながら練習させてもらった。中山のほうは三味線を弾けるか自分でわからないようなことを言っていたが、運指を確かめながらちゃんと弾いて見せた。喜代治は当代一の作曲家を教師にマンツーマン、いやマンツーウーマンで最高の音楽の授業の時間を持てた。

博覧会宣伝ソングのほうは、先にも触れたように「詞先」で作業が進められ、西條の歌詞が完成したところで中山が作曲の作業に入った。そして滞在六日目にほぼ歌が完成したところで、市内の南・北・中の三検番合同で、芸者総出で稽古をすることになった。そして喜代治が芸者代表として特別レッスンを受け、模範の歌唱を行なった。歌の振り付けも中山が創作し、それを喜代治に伝授、さらに喜代治も他の芸者に教えた。

この博覧会の宣伝ソングは「鹿児島小唄」と名づけられ、中山と西條の帰京後、芸者出身で当時既に人気歌手だった藤本二三吉により歌われ、レコード化された。レコードはさっそく博覧会で流されて会場で販売もされた。喜代治は博覧会の舞台で鹿児島の花柳界の代表として歌を唄い注目を浴びた。こうして博覧会は盛況のうちに幕を閉じた。

博覧会が終わって一カ月後の六月、久留米にいる中山から、喜代治を電話口に呼んでほしいと青柳に連絡があった。喜代治がさっそく電話に出てみると、中山は西條と久留米まで歌を作りにやってきたが、今日は暇ができたので、二人で来てもいいだろうかという話だった。降って湧いたような申し出で、喜代治は「鶴鳴館」(これは第二次大戦後、昭和のころまで城山の麓にあり、今上天皇も皇太子時代にお泊りになった同名のホテルの前身と思われるが確かな調べはつかなかった)の座敷を受けていたが断るというと、六時ごろ青柳にやって来るという段取りになった。喜代治は電話を終えて帰る途中で「なんとなく目に見えない糸に、たぐり寄せられるよう」な心境になっていた。

そうして五時半ごろから二人の到着を待ち、時間には姿を見せた中山らを青柳の玄関で迎えた。着くと西條は喜代治に「中山さんが、なんでもいいから、ぼくについて来てくれと、汽車にのっけちゃったんですよ」などと言った。中山は西條の話を他人事のように聞いていたが、本当に喜代治に会うためだけに鹿児島までやってくるのを、西條にもつき合わせたようだった。喜代治は二人と夜食もともにしたが、そのときこの夏、東京の日本橋三越百貨店で郷土の物産の陳列会が催されるので、それに鹿児島からも出品し、舞踊を見せるほか、喜代治が唄を披露することになっているため七月ごろ上京すると言うと、「それは好都合です。ビクターへ吹き込みできるように手配しましょう。放送局のほうへも手配しておきます」という言葉をもらった。喜代治は「こわいような嬉しいような、現実だろうかとうたぐった」

そしてその夜は零時過ぎまで、喜代治と中山たちの宴は続いた。

翌朝、喜代治は朝食まで一緒にとり、中山たちを駅まで見送ることになったが、喜代治が出かけるとき料亭の主人から帳場へ呼ばれ、主人と顔を見合わせた女将から、「中山先生が、ここまで見えるには、よくよくの気持があったろうから考えてあげなさいよ」と言われた。そしてこのことは自分たちだけのことにして「他にもれないようにしておきますね」とも、大変真剣な顔つきで話された。喜代治はただ、二人に任せるよりなかった。

[22]日本一の芸者めざして

一九三一(昭和六)年の七月末、喜代治は鹿児島物産展のために東京へ出発した。着くと喜代治はさっそく、中野に住む中山に電話連絡した。中山の話ではビクターのレコーディングも放送局のほうも手配済みということだった。

そして八月一日、喜代治は物産展のアトラクションに出演した。舞台に立つと客席に、中山の姿がすぐ見受けられた。舞台での喜代治の唄は大好評を博した。そして舞台出演した翌日の八月二日、ビクターで「おはら節」「はんや節」「よさこい節」「三下り」の四曲を録音した。

その後、物産展が明日までという日に、同郷の藤田という人物がやってきて、喜代治がとても評判がよいので、五反田の「松泉閣」で在京者の鹿児島県人会を催すことに決まったので来てほしいという話をした。

当日の県人会は七、八十名の大所帯の、たいそう賑々しいものとなった。そして喜代治はこの会で、同郷の貴族院議員の樺山資英(一八六八〜一九四一)、実業家で飯野海運を興した俣野健輔(一八九四〜一九八四)らと出逢った。樺山や俣野らは喜代治をたいそう気に入り、新橋の「金田中」での宴席に招かれた。そこで喜代治は唄を披露し「唄うほどに、呑むほどに東京のお客さん方を煙にまいた」そうである。喜代治はまた「新橋の姐さん方は、『なんて田舎芸者はずうずうしいのだろう』と思ったかも知れない」とも思ったのだった。

それから喜代治が東京に滞在した数日、俣野は彼女を赤坂、柳橋、日本橋などと毎晩引き回したとのことである。とくに新橋(花柳界の区割りによる)では「新喜楽」(築地にあり、平成の現在でも芥川賞・直木賞の選考会が催される高級料亭として有名)、「花蝶」などの一流料亭にも顔出ししたので親近感を感じた。

喜代治は放送局への出演も無事終え、そのようにして在京十日目を数えていた。さすがにこれ以上は長逗留できないと思い、翌日の列車で鹿児島へ戻ることを中山に電話で告げた。中山からは、日光の新作の発表でこれから出かけるので逢えないが、この次に逢えるのを楽しみにしていると言われた。

電話を終えて暫くしてから、再び俣野から連絡があった。それによると、その夜、柳橋の「柳光亭」で樺山が客を接待するので引き受けてくれないかというのだった。喜代治は「東京も鹿児島もお座敷には変りはない」と思い、電話口を替わった樺山に「先生、私がもし東京で芸者に出たら、ひいきにしてくださいますか」と聞いた。「そりゃ、ひいきにするかも知れないよ、早く出ていらっしゃい」と樺山。「今はそうおっしゃっても出てくると見向きもなさらないのじゃないかしら」と喜代治。「そんな無責任なわしじゃないよ、ねえ俣野君」と言って樺山はまた俣野に電話を替わり、俣野は「先生なら大丈夫だよ、ぼくが証人になる」。それを聞いた喜代治は「それではいずれ、そういうことにして決行いたしますわ」と言った。見事に二人の言質を取ったのだった。

俣野と樺山と交互に電話で話していると、ほかから電話がかかってきた。それは何と中山からだった。日光での仕事が予想以上に早く終わったので、宿泊先から辿って喜代治のもとへ電話してきたのだった。中山は「明日発ちますか」と聞いてきたので、喜代治は「そのつもりですが、実は今晩お目にかかってお話したいことがあるのですけれど」と答えた。すると中山から「私もお逢いしたいですね」と言われたので、さっそく下谷の「豊仲」で逢うことに決めた。

喜代治は日本橋でつかまっていたので脱出は容易でなかったが、何とか抜け出して豊仲に行った。この料亭の女将は高齢のおすみという女性で、「さっきからお客様がお待ちかねよ」と言われた。喜代治が「実はね、あの方、中山晋平っていう人なのよ、知ってる」とおすみに聞くと、「ええ、カチューシャの唄を作った方でしょ、それに東京行進曲もそうだわ」と教えられた。喜代治はそのとき初めて、松井須磨子の生の声を聴いた「カチューシャの唄」が中山の作曲したものと知ったのだった。

「何です、さっきの話というのは」と座敷にいた中山が聞いてきた。

「先生、今知ったのですが、カチューシャの唄は先生がお作りになったのですって」と喜代治はまず脇道に逸れたことを口にした。すると中山は「そうらしいですね」

そのあと二人は少し「カチューシャの唄」の思い出話をしていたが、「それよりさっきの話とは」ともう一度中山が聞いてきた。喜代治がようやく東京進出の話を持ち出すと、中山は「いいじゃないですか。あんたにやれる決心があるなら、やってごらんなさい」と答えた。中山のこの言葉に喜代治は「千万力を得たような気になった」のだった。

喜代治は決意が固まり、国元で世話になっていた経営者の角川に暇をもらうことを願い出ると中山に告げた。そしてそのあと、二人は「豊仲」でそのまま一夜をともにしたのだった。

そのようなことがあってから鹿児島に戻った喜代治は、帰った翌日には角川に連絡を取り、面談した。

「だいぶなごごわしたな（だいぶ長いことあちらにいらっしゃいましたね）」と挨拶してきた角川に、喜代治は詫びた後、切り出した。

「私あなたに、ぜひ聞き届けていただきたいことがあるのですが」

「ないごっな、あらたまっ（何事ですか、改まって）」

これに対し喜代治は「お暇がいただきたいのです。それは私の長年の夢でした。今度の上京で進出しても大丈夫と、確信しました。こうしてお世話になっていれば幸福で、何ひとつ文句など言うところはないのですが、どうしても本格的に芸の修業をしたいのです。それには東京の一流どころへ出て、働きながらみっちりやってみたいのです。どうぞ私の願いを聞いてください」と、いっきに思いのたけを言ってみた。

すると角川は「そうなあ、おはんの気質じゃ、きっとやりぬっきやんそ（そうですなあ、あなたの気質では、きっとやりぬくことでしょうね）」と言い、喜代治の顔を暫し見つめていたが「暇を、あげもんそ（暇を差し上げましょう）」と許しを出してくれた。

これには喜代治、感涙にむせんだ。しかも角川は、移籍の何やかやのあいだ、実入りが見込めないので両親への仕送りやお披露目のために五千円の無心まで願い出た喜代治に「いいでしょう。あげもんそ」とあっさり快諾してくれた。喜代治はまた泣き濡れて「私は何の恩返しもできませんが、必ずや東京へ行っただけのことはいたします。よくやったと誉めていただける女になります」と、そのとき言葉にして誓ったのだった。

その後、喜代治は実家に戻り、母のチカに自分の思いを話し理解してもらった。家に戻ったとき父の正義はあいにく留守だったが、チカは正義を説得すると約束してくれた。

こうして両親への説得も無事済んだ喜代治は、中山に上京の決意がついた手紙を出した。さらに俣野らには新橋が好きなので所属先を探してくれるよう頼み、「電報くだされば、下検分に参ります」と書いた手紙を出し、手筈を整えた。

そうするうち角川に無心した金も届いた。喜代治は角川を男らしい人物と思い「今に見ていてください。このお金はきっと生かします」と改めて心の裡に誓った。

その五、六日後、中山からの手紙が届いた。そこには角川のことを「よかった。その方は何と太っ腹な人でしょう。東京にもそんな人は少ない。それであなたの望みも叶えられたようなものだ」と記していた。続けて「だいたいいつごろ上京されますか。何かと準備で忙しいことでしょう。ご返事待ちます」とも書いていた。喜代治はさっそく折り返しの手紙を出したが、ちょうど投函するところ、所属先が決まった電報が届いた。

その翌々日、喜代治は準備のために東京へ向かった。明くる日の早朝、東京へ着くと、駅で俣野らの出迎えを受けた。早朝ということもあり大店は開いていなかったため、八重洲通りの小ぶりな店ではあるが、そこで喜代治は歓待を受けた。

もてなしの朝餉の一席がお開きになると、東京での勤め先となる新橋（銀座松坂屋裏あたり）の置屋「金三升」に連れて行かれた。

そしてここでお披露目の費用、検番での唄、三味線の試験などの申し送り事項を聞いた。また金三升には喜代次《きよじ》という読み方が同じの芸者が既にいるため、新しい源氏名を考案しなければならなくなったが、それは喜代治の東京への引越しが完了してから決めることになった。

その後、喜代治は松坂屋で電話を借りて中山に連絡を取った。中山から午後四時には用事が済むので、そのころ行きつけの下谷の豊仲で待っているよう指示があった。

中山は言っていた通り四時には姿を見せた。喜代治は勤め先が決まったことなどを中山に報告した。中山が帰っていった後、喜代治のみ豊仲で一泊し、翌朝、急行列車で鹿児島へ戻った。

［23］喜代三の誕生

中国本土で満洲事変が勃発し、国内では日本初のトーキー（発声）映画の『マダムと女房』（五所平之助監督）が封切られ話題となり、外国映画でもトーキーで初めて字幕スーパーを入れて公開された『モロッコ』が評判をとっていた一九三一(昭和六)年、喜代治の心は東京へ飛んでいたが、満洲事変の影響で実際の上京は少し遅れた。

上京のまえ鹿児島では、喜代治のシンパによる歓送会に限っても十日間も繰り広げられた。そのなかには何と、現在の県警本部長にあたる、五月九日に着任したばかりの警察部長の藤岡長敏(在任期間同年十二月二十四日まで)もいた。藤岡は「金三升」の新橋を管轄する築地警察署長あてに、喜代治が一日も早く働けるよう鑑札を出してくれるよう紹介状を書くことまでしてくれた。そして十月二十二日、鹿児島商工会議所会頭、料亭の関係者に芸妓組合など総勢五十人以上の人びとに見送られながら喜代治は列車で鹿児島を発った。

車中、喜代治は自分で新しい源氏名のアイディアを練った。そして喜代治の字は違うけれど「きよじ」の「二」でなく横棒を一本増やして喜代三、「きよぞう」はどうだろうと思った。これで「三代喜ぶ」の意味にもなる。自分ですっかり気に入って、先に一人決めしてしまった。

そして東京に到着し、「金三升」に着いてすぐこの源氏名のことを話してみた。置屋の経営者は「それはいい名を思いついた」と賛成してくれた。これで八重丸→成金→千成→蔦奴→喜代治→喜代三と、六つめとなる源氏名が本決まりとなった。

喜代治改め喜代三は十月二十五日にはさっそく芸妓試験を受けることとなり、長唄「秋の色種」の課題に挑んだ。試験会場の新検番のビルには試験官となる先輩芸妓が十人居並んでおり、さすがの喜代三も緊張したが、試験には無事合格した。そしてお披露目の日も十一月一日に決定した。

その日の夕方近く、中山から電話があった。それによると赤坂「金水」で西條ほか五、六人が喜代三の歓迎会と試験の合格祝いをするというので六時までに来てほしいというのだった。その日はほかに俣野や、ビクターの関係者からも歓迎会でのお呼ばれがあった。

お披露目の当日には、はじめに「豊仲」へ中山を呼んで、出の姿をチェックしてもらった。「まるで夢のようだった。こうとんとん拍子に、ことが運ぼうなどと思ってもいなかった」と、喜代三はそのときの心境を自伝に記している。

また俣野からは「新喜楽」から誘いがあり、日本橋「中井」では樺山夫妻からの歓待を受けた。そして喜代三は、今後は皆の期待に応えるためにも芸事の修練に励まなければという気持ちになり、吉住小三郎(四代目、一八七六～一九七二)が一九〇二年に発足させた「長唄研精会」に通いたいと考えた。この四代目小三郎は、歌舞伎の随伴音楽程度に考えられていた長唄を独立独歩の音楽にまで高めた功績があった。このため第二次大戦後の一九五六(昭和三十一)年には人間国宝にまでなったほどの人物である。

ところが研精会通いの話を先輩芸者の花駒にすると、むしろ地元のおはら節をやったほうが客受けするというアドバイスを受けた。それもそうだと思った喜代三は長唄はやめ、鹿児島民謡で行こうと決心し、それを実行した。そして鹿児島民謡を中心にした九州民謡の芸と、その美貌で首都でもおおいに名を挙げた喜代三は翌年一九三二(昭和七)年の三月中旬、歌舞伎座前の横断歩道で木村伊兵衛と偶然ハチ合わせした。

二人はさっそく近所の喫茶店に入り、積もる話をした。このころは喜代三の心も微妙に変化し、木村とはフレンドリーな関係を保てるようになっていた。そしてこのとき木村から聞いた話では、銀座に中央工房という写真プロダクションを立ち上げていて、そこに木村の仲間が参集しているということだった。

そこで喜代三は木村との再会を機に、中央工房にたびたび遊びに行くようになった。工房は肝心の写真の仕事はあまりなく、おかど違いの職の者たちも寄り集い、さながら梁山泊のようになっていた。そのなかには、まず木村と一緒に工房を立ち上げた、舞台美術を学ぶためドイツ留学経験のある岡田桑三(一九〇三〜一九八三)がいた。岡田は山内光という芸名で俳優として活躍していて、『陸の人魚』(阿部豊監督、一九二六年)や『鉄腕記者』(田坂具隆監督、一九二七年)などの映画で人気を呼び、『生活線ABC』(島津保次郎監督、一九三一年)や後年には『春琴抄　お琴と佐助』(島津監督、一九三五年)、『木石』(五所平之助監督、一九四〇年)などの名作にも出演していた。

それから毎日新聞記者で、のち同社の常務取締役にまでなり、実業家としても活躍した狩野近雄(一九〇九〜一九七七)、劇作家でエッセイスト、新国劇でも文才をふるった高田保(一八九五〜一九五二)、文芸評論家で舌鋒の鋭さで知られた杉山平助(一八九五〜一九四六)、フランス文学者で文芸評論家、『ヴァリエテ』のヴァレリーやボードレールの翻訳者でもある中島健蔵(一九〇三〜一九七九)らも中央工房に顔を見せていた。またノンフィクション文芸部門の最高峰「大宅壮一ノンフィクション賞」の冠の人物で平成の現在でも、つとに知られるジャーナリストでノンフィクシヨン作家、辛口の社会評論家の大宅壮一（一九〇〇〜一九七〇）の姿もあった。錚々たる顔ぶれだが、彼らのいずれもが、中央工房に出入りするようになった喜代三の美貌と器量にすっかり魅了された。だが、喜代三がそのとき一番心が傾いていたのはやはり中山晋平だった。中山邸には唄の稽古のために日参したこともあった。そのたびに中山の妻の敏子が自身で茶を運んでくれるのを喜代三は申し訳なく、またありがたく思った。中山のお陰で喜代三はビクターやコロムビアのスタジオには物怖じせずに出入りできるようになったが、中山はある日突然、喜代三に「唄をやめてほしい」と言い出した。これには喜代三も当惑するばかりだった。そのとき喜代三は例によって「豊仲」に来ていたが、中山からまた突然「熱海へ行こう」と言われ、唯々諾々と従った。

熱海の手前の国府津で、中山の言によりまた思いがけなく列車を下車し、「蔦屋」に宿を取った。中山が風呂へ行っているあいだ思い返してみたが、喜代三にはやはり、なぜ中山があんなことを言ったのかが分からなかった。察するに、中山のほうも喜代三にいよいよ心が傾いて、独占したくなっていたのだろう。だがほかに、芸術座時代の松井須磨子を見ているので、仕事づき合いがそのままでは放縦な暮らしに陥りかねないという懸念を持っていたとも考えられる。

ともかく喜代三は、中山のためなら唄をやめても後悔はないが、もっと唄の勉強をやっていきたかった。またそのころ同じ芸者出身の藤本二三吉や、勝太郎（一九〇四〜一九七四）も「島の娘」をビクターからレコードを発売しヒットさせるなど唄で評判を取っていた。自分も唄で名をなしたいと思っていたので「先生にそういわれても素直にハイと、諦めはつかなかった」。そんなふうだったので、中山とのその夜の宿は陰鬱な雰囲気に包まれた。

「先生、なぜ歌っちゃいけないのですか」と喜代三が言うと、中山は「自分の唄が、うまいと思いますか」とまで言い出した。喜代三は「こういわれては、何もいうことはない。ただ泣くほかに手はなかった」。

そして喜代三は中山に勧められた酒を呑みながら、勝太郎や市丸(一九〇六〜一九九七)、「黒田節」に後年「おてもやん」などを初めてレコードに吹き込んだ小梅(一九〇六〜一九九二)らのライバル芸者に、やっと並びかけたのに唄を諦めなければならない思いを切々と語り、すすり泣きをやめなかった。中山はその姿を見て黙していたが、少しあとで「まあやってみるんですな」と言った。喜代三はハッと中山の顔を見て、「命かぎりやります。どうぞ許してくださいね、お願いです」と返した。ようやく中山の許しが出た。中山も、喜代三を愛しながらも、いやそれゆえに自由にさせようという気持ちになったのだった。

そんなことがあってから中山と喜代三の関係はますます強まったが、明けた一九三二(昭和七)年、中山の作曲した「東京音頭」がヒットし始めたころ夏場の七月、新橋の置屋の看板を譲ってもいいという話が喜代三に持ちかけられた。価格は電話代とで二千五百円(現在の約千三百万円)で、喜代三は悩んだ末、中山に相談した。

中山は「早く買ったらいいでしょう。東京音頭が売れ出したそうだから、これはおはら節の前奏を失敬したのだし、当然あなたには版権を払うべきですからね」と言い、すぐさま小切手を切ってくれた。ここではたと思い出すのは、確かに「東京音頭」のイントロは「鹿児島おはら節」の前弾きだということである。

だが、そのことを掘っていると横道に逸れるので本道に戻せば、中山の出資で喜代三は無事取得し、「喜代乃家」として検番に届け出た。その七月にはお披露目をし、夜は平成の現在も続く一八三〇（天保元）年創業の築地の老舗料亭「なだ万」に樺山夫妻や俣野健輔らを招いて内祝いをした。また喜代乃家では雇用人も三人は雇い、新橋だけでなく遠方からもお座敷の声がかかるようになった。また喜代三個人も歌手として、ビクター、コロムビア、キング、ポリドールとレコーディングの話が次つぎと舞い込むようになっていた。

［24］スター歌手、喜代三

そうして一九三二（昭和七）年の秋に、喜代三はポリドールの専属となった。

ここで言っておくと、中山晋平のほうはビクター専属であった。しかし自分の「想い人」である喜代三を同じ会社に所属させることは妻の敏子への心配りと、公私混同と取られる恐れがあるため、敢えて避けたものと推測されている。ともかく喜代三の専属初回の仕事は「わしゃ知らぬ」のレコーディングで、レコードは一九三三（昭和八）年に発売された。そしてポリドールは社をあげての一大キャンペーンを実施した。山手線から眺められる同社の工場の屋根に喜代三の似顔絵を大書して人目を引き、社のロゴの三ツ輪の紋をつけた人力車を走らせたほどだった。

そんなある日、喜代三は検番から呼び出しを受けた。何事だろうと思って行ってみると、そこには新橋の先輩芸者が十人程度集まっていて、レコード会社の専属になるのや舞台出演はまかりならぬと喜代三の活動にクレームをつけてきたのだった。

だが喜代三は自分の芸者としてのステージを上げるこのような活動を行なうために上京し、新橋に席を置いたのであって、承服できるものではなかった。どうしても辞めよというのであれば、ほかの場所に移るよりない。喜代三はそのような返答をした。先輩芸者とのこの騒動は二カ月ほども続き、ポリドールは、社で出資するので赤坂でも柳橋でも移籍してほしい旨、喜代三に伝えた。

しかし喜代三は新橋に在籍のままで今まで通り仕事をしていて問題が解決できずにいたため、業を煮やしたポリドールは市村羽左衛門に仲裁を頼んだ。喜代三がファンで、着物の帯にサインをもらうことになったあの羽左衛門である。

ところが羽左衛門が喜代三にした話によると「なかなかお婆ちゃんたち、うんと言わなんだ」ということで、調停は不調に終わった。そこで喜代三はいよいよ覚悟を決め「折角、新橋の喜代三で売ったからには、どこまでも新橋を名のるのだ」ということで、その年の十一月、烏森に住居を見つけ、いちおう新橋は新橋でも烏森の花柳界へ移籍した。

移籍後の喜代三は慌しく過ごしたが、その年の大晦日はようやく一息入れて、住居で除夜の鐘の音を聞いた。そして川﨑大師に中山や自分の付き添いの者、そして妹らと初詣に行った。ついでながら次女のむら子は姉のあとを追うようにして芸者になり東京で働いていて、喜代三はときどき会った。喜代三の心は嬉しさと、将来への希望とではちきれそうなほどだった。

そして一九三四(昭和九)年の一月、喜代三の唄による「鹿児島小原良節」のレコードがポリドールから発売された。なおカップリングは「鹿児島三下り」で、このレコードはベストセラーとなった。かくて鹿児島県に古くからあった民謡は喜代三の声によって初めて日本全国に届けられ、ポピュラーなものになったのである。なお「鹿児島小原良節」と同年にポリドールは東海林太郎の「赤城の子守唄」「国境の町」のレコードも売り出し、いずれも好セールスを記録した。

「鹿児島小原良節」、いわゆる《おはら節》の売り上げは本当に目覚ましいもので、このため喜代三は楽器店、レコード店に挨拶を頼まれ、大阪の心斎橋の店へ出張したこともあったほどである。三味線の名手で五線譜が読め、「三味線豊吉」と呼ばれた豊吉(一九〇五〜一九六四)ほか販売員六人との八人で出かけたが、車を降りると店の前は黒山の人だかりで人気のほどが知れた。

喜代三は挨拶が済むと送迎車に乗ろうとしたが、大勢の人波で身動きができず、車のところまで辿り着けないほどだった。ほうほうの態で車に乗り込むと、今度は車が立ち往生するほどの超人気であった。

喜代三はそのあと南宗右衛門町の宿泊先で、自分がここまで人気を取るようになったのが嬉しく、豊吉に「私はもう死んでも本望だ」と泣いて語ったそうである。

そんなことがあって帰京した喜代三は、さっそく中山晋平に大阪出張の件を報告した。中山は、

「よかった、よかった。いろいろなことがあったが、自分の思うことをどんどん処理したから偉いよ」と素直に誉めてくれた。喜代三にとって、それはまさに千鈞の重みをもつ言葉であった。

[25]再び『丹下左膳餘話　百萬兩の壷』

中山晋平の激励で、喜代三が次に挑んだのは映画出演であった。

喜代三はまず、後年『阿倍一族』『指導物語』などの名作を撮ることになる名匠・熊谷久虎監督の日活映画『青春音頭』（一九三五年）に出演した。この作品は岡譲二（一九〇二〜一九七〇）主演の喜劇で、岡は応援団長に扮し、喜代三が助演した。

この映画での喜代三は個性がはち切れていたようで、山中貞雄監督の目にとまり、新作『丹下左膳餘話　百萬兩の壷』の櫛巻お藤役で起用することを決めた。さっそくポリドールに話が持ち込まれ喜代三は快諾、出演が決まった。そして喜代三は映画出演のため京都へ西下した。

日活京都撮影所は下賀茂にあり、そこで顔合わせし、嵐山の料亭で撮入前の宴席が設けられた。そこには山中監督が押し黙って座っていたのがひときわ目を引いた。

山中貞雄（一九〇九〜一九三八）は京都生まれで、旧制・第一高等学校（現・京都市立西京高等学校）在学中、先輩にマキノ正博（のち雅弘、（一九〇八〜一九九三）がいて、一九二七（昭和七）年、マキノを頼ってマキノ御室撮影所に入る。翌一九二八（昭和八）年、嵐寛寿郎（第一次）プロダクションに脚本家兼助監督として移籍、さらに翌一九二九（昭和九）年、東亜キネマに御大アラカンとともに入り『磯の源太　抱寝の長脇差』でデビュー、同作が絶賛を博し、天才監督の名をほしいままにする。その後一九三七（昭和十二）年にはＰＣＬ（現・東宝）で珠玉の『人情紙風船』を発表したが、封切初日に召集令状が届き中国に出征、翌一九三八（昭和十三）年に満二十八歳の若さで戦病死した。

喜代三が初めて会ったとき「山中監督は、角力の『高登』にそっくりで、むっつりした人だった」と、監督をかつての人気力士に喩えて印象を自叙伝で語っている。何だか近寄りがたかったが「私が似ていると言葉をかけて以後ふたりはさしつさされつという具合にうちとけた」そうである。

そして、映画は撮影に入った。

ここでもう一度『丹下左膳餘話　百萬兩の壷』の内容をおさらいすると、百万両を埋めた絵図面が塗りこめられた「こけ猿の壷」を殿様が持っていたが、弟の結婚の引き出物として与えてしまう。あとで壷の秘密を知らされた殿様は弟に返してくれと申し出るが、こんなボロい壷しか引き出物にくれなかったケチな兄に腹を立て、屑屋に売ってしまう。壷はさらに屑屋から、長屋に住む男の息子のちょび安が金魚鉢として貰い受けていた。ちょび安の父親は矢場でのトラブルが発端で殺されるが、このことからその気はなかったのに矢場の女将の櫛巻お藤と、ヒモ暮らしをしている丹下左膳がちょび安の面倒を見ることになっていく。こけ猿の壷と丹下左膳たちはこのあとどうなるのか。

ざっとこんなストーリーで、余談だがこれにはスティーブン・ロバーツ監督のアメリカ映画『歓呼の涯』（一九三二年）の影響があるといわれる。頑固者のボクサーと酒場のマダムが一緒にボクサーのマネージャーの遺児を育てる物語だからだが、ほかにもワイプ――編集(および撮影)用語。場面転換において、画面を片隅から拭き取るように消し、同時に次の場面を登場させる手法(『現代映画用語事典』キネマ旬報社)――の効果的な使い方ではフランク・キャプラ監督の『或る夜の出来事』(一九三四年、ただし山中作品で直接影響を受けたものは『雁太郎街道』)を、人情ドラマの面ではキング・ヴィドア監督の『チャンプ』(一九三一年)をと、そのころ公開されたいろんなアメリカ映画を思い起こさせる。また省略法の巧みさは、モンタージュ技法を実験的におこなったアベル・ガンス監督の『鉄路の白薔薇』(一九二二年)など、もっと以前のさまざまな国の映画の影響がありそうだ。これらの作品を山中貞雄が自家薬籠中のものとし、きわめて独創的な映画をつくり上げたのが本作といえるのではないだろうか。

それはともかく喜代三が扮するのは櫛巻お藤だが、その台詞回しでどうしても鹿児島弁が出てしまい、本人も困った。山中貞雄は「芝居さえうまくやってくれれば、訛など気にならないから」と励ました。「それからは何かと気楽にやれたが、素人の悲しさもあって、山中監督もお困りだろうと、冷汗一斗の思いがした」と喜代三は山中監督の優しさにふれ、包み隠さず語っている。

また主演の大河内傳次郎(一八九八～一九六二)に対しても「大河内さんも役者のようでなく、尊敬した」と、俳優以前に、人間的に素晴らしい人物であったと賞賛している。屑屋の茂十の役で出てくる高勢實乘(一八九七～一九四七)については、「あのひよげたメイキャップと、変ったカツラで、私たちスタヂオにいるものは、面白く一緒に芝居するのが、とても楽しかった」と述べている。

高勢は本作以降のトーキー作品での「アーノネ、オッサン。ワシャカナワンヨ」の台詞が流行語にまでなった喜劇俳優で、本作で同じ屑屋の当八として出演している鳥羽陽之助(一九〇五〜一九五八)と、こののちアメリカ映画のローレル&ハーディの「凸凹コンビ」の向こうを張った「極楽コンビ」としていっそうの人気を博するが、高勢のキャラクターが製作現場を和ませ、山中監督の口数は少なかったが、喜代三にとっては楽しい、快適な職場だったようだ。

そんな現場ではアドリブもいいアイディアであれば積極的に採用されていたようである。

例えば丹下左膳がお藤から、ちょび安の父親を矢場から送ってあげるように頼まれるシーンでは、シナリオでは、

「イヤだ。金輪際わしは送って行かんぞ」(『山中貞雄作品集　全一巻』実業之日本社)となっているが、完成品では、

「わしは行かん」、さらに「イヤだい。イヤだい。金輪際おれは送っちゃ行かんぞ」

と、まるであの剣客が駄々っ子みたいになっている。

また父を亡くしたちょび安をしのびなく思った左膳がお藤に言う、

「可哀相だ。連れて帰って何か喰わしてやろう」とシナリオにあるところは、完成品は、

「可哀相だから、連れて帰って何か喰わしてやろうよ」

これに対してお藤が言う台詞は、シナリオでは、

「(前略)誰があんな子に御飯なぞ食べさせてやるものか」これが完成品では、

「(前略)誰があんな子供に御飯なんか食わせてやるもんか」

となっている。いずれも語尾が少し変えられた程度だが、これだけでも左膳とお藤の優しさがプラスアルファされたものになっているように思われる。

ただこうした脚色は作中何箇所も見受けられるので、あるいはむしろ出演者が喋りやすいようにという配慮があって、台詞の現場での改変はおおらかだったのかも知れないが、ほかにも例えば矢場のシーンで、喜代三が唄う櫛巻お藤の唄の、

「浮世　さらさら　風車〜」

のところは、脚本では、

「(矢場の唄)(後でつくります)」

となっているし、終盤で、壷売りの行列にちょび安が並んでいるところへ左膳が追いつかんとするシーンのあとは、脚本では、

「118(シーンナンバー)＝チョイとしたラストシーンがありまして、(考案中)　大団円。」

となっていて、源三郎(澤村國太郎)が左膳にやられた道場の門下生たちに「あんな相手に遅れを取って何だ」とえらそうに諭し、こけ猿の壷は自分が探すと妻の萩乃に「いいか、江戸は広いぞ、十年かかるか二十年かかるか」というシーンや、そんなことを嘯きながら、壷探しを口実に浮気をしていた源三郎が矢場で左膳にあの頼みごとをし、お藤がまたも唄い出したので左膳がちょび安に耳打ちし、ちょび安が今度は招き猫ではなく達磨をうしろ向きにしようとするが……というあの洒

落た楽しいラストシーンはまだ記載されていない。

脚本その他を時間の許す限り練ってベストな出来にしようとしていたのは確かだろう。喜代三はこんなフレキシブルで如才ない京都の撮影現場を東京と行き来した。東京のレコーディングでどうしてもスタジオ入りできないときは山中監督らに「必要でない場面を撮ったりまたロングのところを先に」撮ってもらうことがあった。

またお藤のメイキャップと衣装で東京のレコーディング・スタジオに駆け込んだこともあった。このように大変忙しいスケジュールをこなし、映画は無事完成した。そして映画は大ヒットとなった。

山中監督と甥(姉の長男)の加藤泰監督(一九一六〜一九八五)は少年のころ、この作品を「京都の帝国館の封切りで見たのだが、とうとうしまいまで立ちっぱなし、人々の肩のあいだからの鑑賞であった」そうである。

[26]『丹下左膳餘話』の余話

喜代三はこのころ歌手としても多忙を極めた。レコード化した川口松太郎原作の映画の主題歌「明治一代女」(一九三五)もヒットした。

そんなある日、喜代三は、伝統の殻に閉じこもっていた新橋の花柳界が、今まで異端視してきた歌謡曲を土地芸者に唄わせ、第二の勝太郎を生み出し、遅まきながら新橋を時代にアピールさせようと計画していることを知った。それでＡＫ（現在のＮＨＫ）とタイアップし、新橋芸者の五百名強のなかから新橋勝太郎を募集した。するとたちまち七十名が応募、それをＡＫ委嘱の声楽家らが選考し、松千代、和千代、年郎の三名が選ばれ、新橋花柳界の期待をになって、ラジオ放送で歌手デビューすることになったらしかった。それを知って喜代三は「これでいいのだ、どうぞ皆さん頑張ってくださいと叫ばずには、いられなかった」。花柳界所属のレコード歌手として活動し「異端視」され、道なき道を歩んできて、ようやく眺望が開けてきた感慨が、このときの喜代三にはあったのかもしれない。

現役の芸者であり、源氏名をそのまま芸名としてタレント活動している喜代三の仕事ぶりはまさに順風満帆だった。だが好事魔多し、私生活では一九三五年には二人の弟（個人名判明せず）を相次いで亡くしている。このときばかりは喜代三も悲嘆にくれた。そして私生活をさらにいうと、この年はレコーディングとラジオ出演以外の仕事はセーヴしていて、熱海や仙石原の中山晋平の別荘で中山と逢瀬を重ねていた。

その昭和十年の春、中山の妻・敏子の体に悪性腫瘍が見つかった。中山は敏子の治療に心を砕いたが、その心労もありいっそう喜代三へ思いが傾いたのかもしれない。そのような日々を中山がおくるうち、二・二六事件が起こり日本が暗い時代に入りつつあった一九三六（昭和十一）年十月十五日、中山の暮らしにも暗雲が立ちこめる。療養中の敏子夫人が慶應病院で死去したのである。享年

四十五、若すぎる他界であった。喜代三も、愛する中山が愛した人の死を、当日は仕事を休んで冥福を祈った。

敏子夫人の逝去のころから中山とは連絡を取っていなかったが、敏子の四十九日が終わった夜、中山は久しぶりに喜代三のもとを訪れた。そのときの中山の憔悴した姿に、喜代三はいっそう悲しみが募った。

中山の周囲の者は晋平の身の回りの世話を心配し、縁談を持ちかけたが、このことがもとで中山も決心がつき、長く愛人関係であった喜代三にプロポーズした。愛する中山の言葉とはいえ、現実に後妻に入ることには喜代三もさすがに逡巡した。そのうえ同年にはＰＣＬ（東宝の前身）の、岡田敬監督の『おほべら棒』に出て、主演の藤原鎌足（一九〇五〜一九八五）や、弁士出身のマルチタレント・徳川夢声（一八九四〜一九七一）、喜劇女優の清川虹子（一九一二〜二〇〇二）と競演し話題を呼んでいた。

翌一九三七（昭和十二）年には日活の、益田春夫監督の『妻恋道中』で澤村國太郎と再共演した。また松竹の大曽根辰夫監督の『次郎吉唄ざんげ』にも出演し、「歌う映画スター」と呼ばれた高田浩吉（一九一一〜一九九八）と共演して人気も絶頂にあった。だが喜代三は熟慮して、「惜しがられるうちが花」だし、今後は自分の持てる力を、愛する中山晋平の家庭に生かそうと考え、最終的に中山の求婚をありがたく了承した。

ただ中山からは「あなたは現在の仕事が性に合っているのだから」と喜代三が仕事を引退して家

庭に入るのは拒まれた。以前には中山は喜代三の引退をむしろ奨励していた時期もあったが、敏子を亡くしたことで人間長くは生きられない、思うがままに生きるのがよいと気持ちが移り変わり、いっそう寛容になってきていたのだろう。

喜代三は「今更、お帰りあそばせと、三つ指もつけないだろう」と思い、これも一旦は了承した。だがやはり大作曲家・中山の本妻になるのは本人も相当の覚悟をしてのことだったのだろう。結婚を機に芸者も、タレントも引退することにした。そして一九三七(昭和十二)年十二月三日、銀座の山野楽器の社長の山野政太郎夫妻を媒酌人に、中山晋平と、喜代三こと今村タネは丸の内会館で結婚式をあげることになった。

当日は午後三時会館入りで、四時半に神前会場のスケジュールだった。入りは早目のほうがと媒酌人に奨められそうしたが、入口で降車すると、たちまち新聞記者やカメラマンに取り巻かれた。かい潜って建物へ入り、式に臨んだ。

この日の結婚式には喜代三とは関係が良好な、中山晋平と敏子の養子で長男の卯郎ら中山家の者のほか、父の正義に母のチカ、弟妹たちも鹿児島から上京してきていた。正義は中山との結婚をたいそう喜んだ。芸者として日本国中で知らぬ者とてない存在となったわが娘を、今度は日本一の大作曲家の妻として嫁がせることになったのである。山師的な気性が抜けず一攫千金を狙っては事業で失敗することも一再ならずあった正義にとって、わが娘、喜代三こそ百万両でも値のつかぬ、一番の宝だったのかも知れない。

ともあれ正義はそのわが娘に、ひとたび中山家に嫁いだらそこで死んでくれと宗近の小刀を贈った。神前式場ではその刀を内懐にして、喜代三はどんな艱難辛苦に遭おうとも乗り越えていくことを堅く心に誓った。

この日は西條八十をはじめとして、芸者で人気歌手の勝太郎、市丸らも祝いにやってきていた。披露宴も賑々しく行なわれ、西條が劈頭のスピーチをこなした。また宴にはポリドール社の重役の鈴木幾三郎もやってきていた。喜代三はポリドールとの契約が一年残っていたが、他社への移籍などではなく家庭に入るということで、鈴木はこれを不問にしてくれた。

そして中山との結婚生活を甲斐甲斐しくおくっていたが、二年目の一九四一（昭和十六）年に太平洋戦争が開戦、日本は戦争状態に突入した。一九四三（昭和十八）年には敗色濃厚で、都下での米軍機による空襲が激しくなってきていたので、卯郎の妻の勧めもあり、中山と二人で熱海に疎開することになった。

中山は時局がら、軍国歌謡を多く作曲する手もあっただろうが、政府や軍の要望と、自分の曲想とにギャップを感じていたようで乗り気ではなかった。そこで熱海では中山は、本業の作曲には手を染めず、植栽や野菜を作るなどして過ごした。あとは日金山のふもとに所有している土地を農民に賃貸し、その収入で日々の飢えをしのいだ。

ただ戦時中、中山は熱海に引っこんでばかりいたわけではない。戦争中の一九四四（昭和十九）年には大日本音楽著作権協会の理事長となり、防空頭巾姿でたびたび東京都内へ出勤した。

喜代三ことタネのほうは熱海で主婦業に専念した。家で栽培していたじゃが芋が多く収穫でき、糧食の確保は何とかうまくいったが、やはり米の入手には苦労したようである。戦中のことは喜代三の自叙伝にはこの食糧問題が触れてある程度で、記述は極めて少ない。熱海での生活がさしたる空襲もなく、押しなべて平穏だったのだろうが、喜代三が戦争中の日本を、軍閥政治をどう思っていたかはわからない。

ただ彼女が芸者のころは客商売で軍人の上顧客もあったろうから、軍人に批判的だったとも思われない。けれども自分が長年働いてきた花柳界で大事だった歌舞音曲が戦中は疎まれるものだった。そのため日本を戦争の泥沼へ導いた軍閥政治をよく思っていなかったことは十分に考えられる。タネは中央の要人であった中山の妻として、さしでがましい言動は極力控えていたとおぼしいので、すべては類推するしかない。

ともかくこうして中山晋平とタネの夫婦は一九四五(昭和二十)年の終戦まで熱海にいたのみならず、戦後になっても暫くは続けてこの地で過ごした。

そして一九五〇(昭和二十五)年、日本の復興もだいぶなってきたころ、民謡が徐々に流行してくるようになった。そこで喜代三は当時のビクター社長の橘弘作(在任期間一九四六〜一九五三)からの依頼で、渋谷の芸者で三重県出身の、本名が松子の菊丸に稽古をつけることになった。菊丸は熱心に通い、楽譜も読めるまでに上達したが、そんな三年目の一九五二(昭和二十七)年の春に、ビクター社長から「喜代三」の芸名(源氏名)を譲ってくれるよう中山に話があったが、中山がこれを断ったとのことである。そのため菊丸は旧名の文字を変えて読みは同じの「喜久丸」を名乗ることになった。

またこの話のあと、喜代三が烏森時代から直弟子としていた喜代丸からも芸名を譲ってほしいと言われたが、これも中山が固辞した。「喜代三」に惚れて再婚するまでになった中山にとっては大変思い出深い源氏名だし、タネにとっても名をあげた大看板なので、この名をとても大切に考えていたに違いない。

そんな中山は、戦後は作曲活動をほとんどしなくなっていたが、その一九五二年の冬には第二回紅白歌合戦（近年のように大晦日ではなく、新年の一月三日に行なわれた）の審査委員長を務めるなど、公の場ではやはり活躍していた。そして同年十月九日、自らの作曲した「ゴンドラの唄」が使われた黒澤明監督の映画『生きる』が封切られ、十二月二日、中山はこの作品を東京の恵比寿駅前の映画館で鑑賞した。一緒に観た、童謡舞踊で活躍した島田豊によると「先生はひどく感動したようで黙って最後までご覧になっていた」そうである。中山は自作の曲が志村喬の入魂の演技で歌われたのを目にし、感慨無量だったことだろうが、その翌日の三日、急に激しい腹痛に襲われる。九日、タネは「蘇州夜曲」「桑港のチャイナタウン」などのヒット曲を持つ渡辺はま子（一九一〇～一九九九）のレコーディングの指導にビクターへ出かけた。そして夕刻帰宅すると、中山が玄関に顔を覗かせ「今日は会社で腹が痛くて、注射薬と皆さんの心配かけたよ」とトンプクを出して語った。そして食欲がないので早く休みたいとのことだった。夫婦になってこれまで無病息災だったので、タネが医者を呼ぼうとしても、明日の忙しさを理由に断られた。そして十二月二十三日には、喜代三は日本ビクターの社長に電話で中山の病状を語った。

するとと社長の橘は「ぼくも伺うつもりでした。それでは、会社の医者をすぐ向けますから、病気の状態をみたうえで権威ある博士を急行してもらいましょう。我が社の大切な先生のことです。どんな名医でも向けます」と頼り甲斐のある言葉を寄越してくれた。

だがその電話のあとで、中山の容態が悪化した。急遽この日に、熱海国立病院に緊急入院することになった。そして二十八日、喜代三は介護疲れで「夕方ごろから、欲も徳もないほど、ねむい」というありさまで、病院に詰めていてくれた喜久丸に休むよう勧められた。そこで「ちょっと頼みます」と少し離れたところで寝についた。幾らか寝たころに、喜代三は何事か話している中山の呼びかけに目が覚めた。自分のそばに寄るよう告げているようだと悟った喜代三はベッドのそばの椅子にかけて中山の手を握った。すると堅く握り返してきた。眠らずに喜代三を見つめていたようで、中山は喜代三に「よくぼくに仕えてくれたな」とねぎらった。

これが臨終の言葉となった。その後、容態がさらに悪化し、十二月三十日午後三時三十分、喜代三のほか親類縁者の見守るなか、中山は不帰の人となった。享年六十五。病名は膵臓炎だった。

皆が中山に取りすがり、暫くのあいだ、号泣し続けた。

結婚するときは、中山へ、喜代三を本妻にする中山の気が知れないと漏らすものが多かった。また「せいぜい半年くらいしか辛抱できまい」とも中山の親族たちには反対する向きもあったが、喜代三は家事もよくこなした。小さいみぎりから何でもとことん追求する性分だったから、料理なども一流の腕前だったことだろう。そして献身的に夫を支え、結果、終生中山と添い遂げたのだった。

明けた一九五三(昭和二十八)年一月十六日には、築地本願寺で、日本ビクターの社葬として中山晋平の葬儀が執り行われた。葬儀では「有楽町で逢いましょう」「いつでも夢を」などを後年発表する佐伯孝夫(一九〇二〜一九八一)作詞、「秀子の車掌さん」「ブンガワンソロ」など映画音楽を多く手がけた飯田信夫(一九〇三〜一九九一)作曲による「哀悼歌」がオーケストラでビクター専属の全歌手によって歌われた。また児童合唱団による「てるてる坊主」の合唱もあった。そして最後には「カチューシャの唄」が歌われた。それは喜代三ことタネが、芸者の駆け出しのころ、鹿児島市内の「鹿児島座」での松井須磨子による歌唱を聴いた一九一六(大正五)年から三十七年後のことだった。その名曲の作曲家の妻に自分がなるなど、そのときのタネに想像できただろうか。そして一九五三年の築地本願寺で泣き濡れたタネの心には、いったい何が去来していたろうか。

[27] 世界の喜代三へ

中山が亡くなってからというもの、喜代三は暫く抜け殻のようになっていた。

四十九日を過ぎてからは、喜代三に旅館や料亭の営業を勧める者もあったが、経験がないうえ、中山の他界で皆から頂戴した香典は毎日新聞社へ中山を顕彰する記念事業のために寄付しており資金的余裕もないので、まるでその気にならなかった。

一九五三年の五月には、日比谷公会堂で中山晋平記念音楽祭が催され、喜代三も出席した。中山晋平記念会というのも発足し、西條八十が会長に就いた。記念会では集まった寄付金で中山音楽賞を設立し、作詞、作曲を公募、佳作には賞金五万と賞状が授与されることになった。

喜代三は参加者を前にしてのスピーチで、記念音楽祭が行なわれたことを「妻としてこんな嬉しいことはございません」と語った。そしてこの会に出たことで心が固まってきていたのだろう、続けて「ここで私自身どうして、生きていくかと思ったあげく、やはり中山の残した作品を、私のノドに合うものは、生かしていく覚悟で、これからノドのトレーニングを大いにして再び歌手として立ちたいと思います」と決意表明した。

これには参加者の皆が絶句した。実現すれば戦争を挟んで十六年振りの歌手復帰である。大半が反対で、親戚にも反対する者が多かった。だが幸い有力者の西條が支持を公言してくれたので、喜代三は百万の援軍を得たような気持ちになった。

そして熱海高校の音楽科教師にレッスンを受けボイストレーニングに余念がなかったが、中山の一周忌に企画されたＮＨＫの「民謡をたずねて」という番組の出演依頼を受けた。喜代三が喜代丸、喜久丸と出演したこの番組は一周忌の同年十二月三十日に放送された。またレコード会社からはキングのほか、ポリドール、さらにコロムビアからも所属の勧誘があった。喜代三は嬉しい悲鳴をあげビクターの部長の今村に相談すると、ポリドール復帰を勧められた。だが古巣ポリドールはそのころ内紛があり、いろいろ斟酌したすえ、最終的には中山の在籍していたビクターに所属することを決め、翌一九五四(昭和二十九)年三月、同社に入社した。

芸名はふたたび喜代三で「小原良節」「ひえつき節」を初回に録音、続く二回目には「上州小唄」を、三回目には「田原坂」「きんきらきん」などをレコーディングした。また同年秋には九州へ演奏旅行に出かけた。

その振り出しの地の博多では、喜代三が芸者時代の贔屓筋がふぐ料理を馳走してくれることになっていた。その人物は鹿児島で、泥酔し喜代三に絡み、笑ってあしらわれるといっそう迫り、喜代三を平手打ちし、そのうえ蹴って起き上がれないようにしたことがあった。

喜代三はそのとき以来この人物に会っておらず忘れ切っていたが、「いつかは、このことを赦してもらおうと思ううちに、天下の喜代三さんになったので、謝りそびれてしまっていた」そして「新聞で福岡へ来ることを知り、この機会を逃してはと、今日を待った次第です」と神妙に語られた。これには喜代三も「それはそれは、そう真面目におっしゃられると、赦さないわけには行きませんね」と返すよりなく、すべては過ぎ去った過去のことと、ふぐ料理に舌鼓をうつばかり。そんな忘れがたい一幕もあった。

自分の芸道人生の出発点である九州の地での、いわば恩返しツアーを終えた喜代三はその後の一九五六(昭和三十一)年には、以前からの念願だった海外渡航を実現させる。海外へは、中山の存命中から幾度か機会があったが、中山が首を縦に振らなかった。それに今でこそ日本国民は誰でも自由に海外渡航できるが、そのころは政府の規制が厳しく、業務や留学など、よほどのことがなければおいそれとは外国には行けなかった。渡航が一般化されたのは一九六三(昭和三十八)年になってからのことで、それもいちいち旅行代理店を介してのことだった。観光旅行などがやっと自由にできるようになったのは翌一九六四(昭和三十九)年からで、そのときですら外貨の持ち出しは年一回五百ドルまでという縛りがあったほどだった。

喜代三には渡航するのに格別の大義名分もなく苦しいところだったが、ちょうどそのころアメリカで、人気女性歌手アーサー・キットが中山の「證城寺の狸囃子」をカヴァーして歌った“Sho-Jo-Ji”(The Hungry Racoon=おなかのすいたアライグマ)がヒットしていて、逆輸入版が日本ビクターから発売されるほどだったので、その著作権問題を話し合うためにかの国へ行けることになった。

そしてここでアーサー・キットの名が出てくることで、映画ファンとしては吃驚する。アーサー・キットといえばエディ・マーフィ主演の『ブーメラン』(一九九二年)や、アニメの『ラマになった王様』(二〇〇〇年)の声の出演で多少記憶に残っている人物だ。ミレニアムのころまで覚えがあるほどだから、相当息の長い芸能活動をしていたと言えるだろう。

そこで改めてキットのことを調べ直してみると、一九二七(昭和二)年一月十七日サウスカロライナ州生まれで、二〇〇八(平成二十)年のクリスマスに没している。“Sho-Jo-Ji”でヒットを飛ばしたのは二十代後半ということになる。

ともあれ天国にいる中山の助けか、喜代三は渡米できることになった。渡米に際しては日本音楽著作権協会事務局からはロサンゼルスとニューヨークの両サザンミュージックに、またビクターからはＲＣＡへ紹介状をしたためてもらった。そしてどこで唄ってもいいように枯れすすきや證城寺の狸囃子、東京音頭など中山の代表曲を選び、ＢＧＭをテープに録音しておいた。それからキットへは土産の品に狸の置き物を買い、あとは忘れずに中山の写真に三味線と、用意おさおさ怠りなかった。そして渡米二カ月前には当時の駐米大使・谷正之(在任期間一九五六〜一九五七)の就任記念パーティーに松野鶴平のつてで出席し、谷と知遇を得、松野から谷にアメリカでの喜代三のことを頼んでもらった。なおこのころ、喜代三は「中山嘉子」に改名し、フォーマルな場ではそれで通していた。

そしていよいよ一九五六(昭和三十一)年四月二十一日の夜九時三十分、喜代三を乗せた飛行機はアメリカへ向けて羽田を飛び立った。途中ホノルルを経由して、最初の目的地のサンフランシスコに到着すると、時あたかも震災五十周年のカーニバルの最中だったが、現地の鹿児島県人会のイベントに出席した。その後はロサンゼルスへ向かい、サザンミュージックへ挨拶した。

ロサンゼルスのあとはコロラド州のデンバーへ。ここではコロラドタイムス紙の社長の主催で、日本人経営者のすき焼き店で歓迎会をやってもらい、現地の日本人会の前で「小原良節」などの唄を披露した。

そして次なる遠征先はかのニューヨーク。ここでも大学関係者に鹿児島県人がいることを聞きつけて面会したあと、五月三日にはサザンミュージックへ行き、著作権問題を話し合った。そのあとはＲＣＡを訪問し、後者では渡欧中だというアーサー・キットへの狸の置き物の土産を社員に預けておいた。またニューヨークではすき焼き屋で、華道家で松風流家元の押川如水（一八九二〜一九六六）と会った。如水はちょうどアメリカに生け花を教えにきている最中だった。

ニューヨークでは鹿児島出身の関法善師とも会った。師はアメリカの開教師になることを望んで西海岸に渡り、のち東部に移り一九三八年にはニューヨーク仏教会を設立した人物である。関師は広島に原爆が投下された際、爆心地から二キロほどの場所に立っていたため焼け爛れた親鸞聖人像を一九五五（昭和三十）年に仏教会に移設したことでも知られる。喜代三はその関係で被爆女性たちとも面会したが、喜代三は海を渡って活躍している日本人の存在が嬉しく、ニューヨークという地にいろいろと好感を持ったのだった。

その後、喜代三は関師の引き合わせにより、アメリカで「蝶々夫人」のオペラを歌っていた歌手のヒジ小池（一九〇三〜？）とも会った。小池からは、面会した関の部屋に飾ってあった中山の写真から、「聖夜」という仏教歌が中山の作曲と知らされた。

また関師の知り合いの日系二世が通訳をしていて、喜代三はこの人物を伴ってＲＣＡへ行った。そして“Sho-Jo-Ji”のセールス状況を尋ね、印税について話し合った。売り上げは今まさにエンジンがかかってきたところらしく、印税に関してはディズニーに払っているので同社に聞いて欲しいと言われた。それから五月九日にはワシントンへ行き、日本大使館を表敬訪問した。大使の秘書の案内でワシントン市内を観光し、ポトマック河畔のレストランで食事をした。

再び ニューヨークに戻った十九日には仏教大学で喜代三のコンサートが催され、会場は満員札止めの活況を呈した。喜代三は「三下り」や「小原良節」を歌って場内を沸かした。振袖姿や三味線も大うけだったようで、そもそも渡米の目的は「中山嘉子」として中山の著作権問題の話し合いの場に出ることだったとはいえ、彼女が芸者出身の中山「喜代三」として、日本の伝統美のよさと芸者の技量を世界に知らしめたいというのもあったのではなかったかと思われるので、喝采を浴びたのは満願成就というところだった。「この日の感激は一生忘れられないものであった」と自叙伝には記されている。

そして五月二十日には感激を胸にシカゴへ訪れ、同市には二日間滞在した。二十二日にはロサンゼルスへ降り立ち、ハリウッドで二十世紀フォックスの撮影所内を見学した。二十三日には同時期に渡米していた喜劇女優の清川虹子から「都ホテルの近くのネ、川福亭でご飯を済ませたとこなのよ。今から会いに行きますネ」という電話をもらい、清川と合流した。清川はダニエル・マンの映画『八月十五夜の茶屋』(一九五六年)に出演のためハリウッドに来ていたので、喜代三は清川に頼んで映画の撮影現場に訪問した。この映画はマーロン・ブランド、京マチ子の主演だが、清川のほかに日本人では舞踊家の藤間万三哉(一九一五~一九五七)や、沖縄生まれで天才少女歌手と言われた沢村美司子《みつこ》(一九四一~二〇〇八)もロスに滞在していた。余談だが、映画評論家の淀川長治(一九〇九~一九九八)も同作にカメオ出演している。ロスではホテル滞在の京以外の日本人の出演者は皆フラット住まいだったようで、喜代三は野菜を差し入れし、これら出演者たちと同宿、清川とは枕を並べて寝た。

翌朝には撮影所へ向かう車内で京マチ子（一九二四〜）と知己を得た。京は舞踊の稽古のブレイクタイムに色気が足りないと注意を受けたようで、「どうしたら色気が、出るのかしら」と呟くように言っていた。そこで喜代三は、「恋をなさいよ」とそばから口を出すと、京は「そうですか」と複雑に笑っていた。

その後、二十四日にはロスの地を出て、リバーサイド、グランドキャニオン、エルパソなどを回り、再びシカゴへ。

そして六月二十五日には同市の〔オリベット会館〕での「喜代三の夕」というイベントに出演した。この催しは五百人ほどの来場者で賑わった。翌二十六日には「喜代三後援会」も結成された。

二十七日にはカリフォルニア州のバーバンク市にあるウォルト・ディズニー・スタジオを訪問し、“Sho-Jo-Ji”の版権問題について話し合った。スタジオの音楽課からは今後も中山の曲を使用したいと言われた。

八月二十四日からは関師から「この際全米の仏教支部（西本願寺系流）で米国仏教大学建立感謝報告の夕をやりたいから歌ってもらえないか」と持ちかけられ、ウスターを出発点にサンタバーバラ、サンフランシスコ、サンノゼ、ロサンゼルスなどを巡業した。

九月には再び東征しラスベガス付近へさしかかり、ベガスで出演中のアーサー・キットと邂逅、狸の置き物のお礼を言われた。またキットが投宿のホテルのステージショーでは喜代三のテーブルが最前列に用意され、司会者から有名人として喜代三を指名で来客に紹介され大喝采を浴びた。

その後の十月二日にはデンバーで米国最後のステージをこなし、二十五日にはシカゴで喜代三後援会第一回公演に出席し、十一月五日に羽田へ無事帰着した。「世界の喜代三」にとっては、大変実り多い海外遠征であった。

帰国後は、中山との最良の記憶が残る熱海の地で引き続き暮らしたが、十一月十一日には木更津の證城寺での中山晋平碑の除幕式に、二十日には豊島園での晋平会の授賞式に出席した後も中山の遺した曲の普及に尽力し、一九六三（昭和三十八）年三月二十三日、胆管癌により五十九歳で駆け足の生涯を閉じた。いま御霊は多摩霊園で、中山家の墓に中山や前妻らとともに眠っている。

「♪命短かし　恋せよ乙女」

喜代三は芸者としてはご法度なのに、男に、それも「心」を持った第一級の男に真剣に惚れぬいて駆け足で逝った。その生きざまは、中山のこの名曲を想起させるものだった。

そして「ゴンドラの唄」がフェードアウトすると今度は、「♪花は霧島　煙草は国分」の「鹿児島おはら節」が青空に聞こえてくる気がする。喜代三がいなければ、「おはら節」は全国には知られていなかった。

『丹下左膳餘話　百萬兩の壷』という日本映画史上の傑作に出演した喜代三は、鹿児島にとって、いや日本にとって、かけがえのない、天井知らずの値打ちの《百萬両の女》であった。

初出一覧

『シネマ１９８７』二〇一二年五月号（三〇一号）～二〇一六年十二月号（三五六号）

なお、本書ではこれに加除・修正を加えました。

主要参考文献（著者五十音順）

今井清一『日本の歴史23　大正デモクラシー』中央公論社、一九六六年
岩崎爾郎『物価の世相１００年』読売新聞社、一九八二年
ＮＨＫ＆ＪＳＢ衛星映画マラソン３６５共同事業局編『日本映画ベスト２００』角川文庫、一九九〇年
大内力『日本の歴史24　ファシズムへの道』中央公論社、一九六七年
『鹿児島市の路面電車50年』鹿児島市交通局、一九七八年
『鹿児島鉄道管理局30年史』鹿児島鉄道管理局、一九八二年
加藤泰『映画監督　山中貞雄』キネマ旬報社、一九八五年
唐鎌祐祥『天文館の歴史』かごしま文庫5、春苑堂出版、一九九四年
キネマ旬報映画総合研究所編『映画検定・公式テキストブック』キネマ旬報社、二〇〇六年
キネマ旬報社編『日本映画人名事典　女優篇　上巻　あ〜そ』キネマ旬報社、一九九五年
キネマ旬報社編『日本映画人名事典　女優篇　下巻　た〜わ』キネマ旬報社、一九九五年
キネマ旬報社編『日本映画人名事典　男優篇　上巻　あ〜そ』キネマ旬報社、一九九六年
キネマ旬報社編『日本映画人名事典　男優篇　下巻　た〜わ』キネマ旬報社、一九九六年
『キネマ旬報ベスト・テン85回全史　１９２４〜２０１１』キネ旬ムック、キネマ旬報社、二〇一二年
木村伊兵衛『木村伊兵衛傑作選＋エッセイ　僕とライカ』朝日新聞社、二〇〇三年
小林弘忠『「金の船」ものがたり　童謡を広めた男たち』二〇〇二年
下園三州児編『「新かごしま」附図』新カゴシマ編集所、一九一五年
朱通祥男編『日本劇映画総目録』日外アソシエーツ社、二〇〇八年
隅谷三喜男『日本の歴史22　大日本帝国の試煉』中央公論社、一九六六年
『生誕百年記念　山中貞雄監督特集　鑑賞の手引き』一般社団法人コミュニティシネマセンター、二〇〇九年
千葉伸夫『監督　山中貞雄』実業之日本社、一九九八年
筒井康隆『不良少年の映画史ＰＡＲＴ１』文藝春秋、一九七九年

中野栄三『新版廓（くるわ）の生活』生活史叢書15、雄山閣、一九七二年
中野栄三『遊女の生活』生活史叢書6、雄山閣、一九六九年
中山嘉子『多情菩薩　喜代三自叙伝』学風書院、一九五八年
縄田一男編『時代小説・十二人のヒーロー』時代小説の楽しみ別巻、新潮社、一九九〇年
橋本健一『桜島大噴火』かごしま文庫13、春苑堂出版、一九九四年
服部幸雄・富田鉄之助・廣末保編『新版歌舞伎事典』平凡社、二〇〇〇年
林茂『日本の歴史25　太平洋戦争』中央公論社、一九六七年
林不忘『昭和国民文学全集4　林不忘集』一九七四年
『ぴあシネマクラブ　外国映画＋日本映画　２００８年最新統合版』ぴあ株式会社、二〇〇七年
東千石町町内会記念誌編纂委員会『東千石町のあゆみ』東千石町町内会記念誌編纂委員会、二〇〇二年
双葉十三郎『西洋シネマ体系　ぼくの採点表　別巻　戦前篇』トパーズプレス、一九九七年
文藝春秋編『日本映画ベスト１５０――大アンケートによる』文藝春秋、一九八九年
『編年体大正文学全集　第11巻　大正11年』ゆまに書房、二〇〇二年
三島靖『木村伊兵衛と土門拳　写真とその生涯』平凡社、一九九五年
南日本新聞社・鹿児島大百科事典編纂室編『鹿児島大百科事典』南日本新聞社、一九八一年
宮坂勝彦編『こころに残る大衆の歌を　中山晋平』信州人物風土記・近代を拓く17、銀河書房、一九八七年
山口淑子『「李香蘭」を生きて』日本経済新聞社、二〇〇四年
山下慧・井上健一・松﨑健夫『現代映画用語事典』キネマ旬報社、二〇一二年
山田宏一『映画的な、あまりに映画的な　日本映画について私が学んだ二、三の事柄Ⅰ』ワイズ出版、二〇一五年
『山中貞雄日活作品集　ＤＶＤ・ＢＯＸ』解説書、日活株式会社、二〇〇四年
山中貞雄『山中貞雄作品集　全一巻』実業之日本社、一九九八年
蠟山政道『日本の歴史26　よみがえる日本』中央公論社、一九六七年
和田登『唄の旅人　中山晋平』岩波書店、二〇一〇年

あとがき

最近、ＮＨＫの朝の連続テレビ小説が視聴率もよく人気である。ここ数年のものでは主人公が『花子とアン』で村岡花子、『あさが来た』で広岡浅子、『とと姉ちゃん』で大橋鎭子と実在した人物がモデルの作品も好評だ（った）が、本書をお読みくださった皆さまは、喜代三がこれらの人物と同列に加えられてもおかしくないということに、そう異論はおっしゃらないのではないだろうか。

父親が山師的な人物であったため幼いころから苦労の連続で、一家で夜逃げも経験、鹿児島市に引き揚げてからは女衒に売られて……ではなく、華やかな世界への憧れと九人姉弟の長女としての責任も感じていたのか自ら花柳界に飛び込み、川島芳子とニアミス、渋沢栄一、大倉喜八郎の座敷をつとめ、のち著名な写真家となる木村伊兵衛とは結婚寸前まで行き、作曲家の中山晋平とは本当に結婚し、中山と死別後はアメリカへの旅に出た喜代三。どんな逆境にあってもポジティブ・シンキングで、女性の生きづらい時代にも女性として、いや一人の人間として逞しく歩みを進めた彼女の生きざまは、まさに今という時代にこそ、多くの方々にアピールするものと信じている。

また喜代三は、筆者の生まれ育った鹿児島県としては、「鹿児島おはら節」を初レコーディングし全国的に有名にしてくれた重要人物と思うのだが、『丹下左膳餘話　百萬兩の壺』を見るまで知らなかった。映画を見てから興味を抱き、彼女のことを調べ始めると、地元の郷土史研究家の方々にもほとんど未踏破のフィールドであることがわかった。

まず彼女の名字を何と記せばいいのかもわからない。

だいたい彼女のことに触れた文献には「本名・今村タネ＝夕子」と記して、何も付記してないものが多い。これを「夕子《ゆうこ》」と読むと誤謬を犯すことになる。

本人が著した『多情菩薩　喜代三自叙伝』（一九五八年）では自分の名前を「種子」と記している。

ここで思い出すのは、先に掲げた、二〇一四年に放映の朝ドラ『花子とアン』である。主人公の村岡はなは自分の名前が不満で、うしろに「子」をつけて「花子と呼んでくりょう」と言う。喜代三も同じ思いで「タネ」のあとに「子」をつけたためではと推測されるが、「夕子」というのは過去の何かの資料に、「タネ子」のはずが「タ　子」と一字脱字があって、彼女のことを最初に書いた誰かが注意を払わず、あとの者たちも右へならえでそうなったという推理が一つ成り立つ。もう一つは、「ネ」は漢字では「子」と書いてそう読ませる場合があるので、親が出生届を出すときに「タネ」と読ませたいのに、つい紛らわしい字で、漢字カナまじりで「夕子」と書いてしまったのではないかというものだ。筆者は後者の説をとるので、本書では基本的には「タネ」と記した。

こうしたこともすべて、喜代三についての文献の少なさから発生している。何しろ彼女のことを直接に扱ったものは、めぼしいものでは先の、本人の著の『多情菩薩　喜代三自叙伝』ぐらいしかなく、その本にしても、例えば明治天皇崩御の月や映画のタイトル、監督名を間違えるぐらいはご愛嬌だが、西検の芸者時代に城山へ散歩に行くくだりで、〈大正時代に〉そのあたりに西郷隆盛の銅像があって「西郷さんが絣の着物に犬をつれ立っている」とある。鹿児島市の西郷銅像は東京の上野の銅像と同じ安藤照の作で、一九三七(昭和十二)年に建立されたもので西郷さんは軍服姿、犬は連れていない。

またこの時代は飛行機という乗り物がたいへん珍しく、航空ショーが九州初、鹿児島市で催され一九一四(大正三)年に鴨池で十万人の人出で超人気だったが、駆け出し芸者のころの一九一六(大正五)年にはショーは催されていないはずなのに、これを置屋の二階で見て、飛行機が「真上で宙返りを、幾度もした」などと書いている。

筆者はこれらを当初真に受けて困惑していたのだが、鹿児島県立図書館館長をしておられ、郷土史研究の碩学であられる原口泉氏(氏は朝ドラ『あさが来た』で時代考証も担当された)にお話を伺い、原口館長から「喜代三は自叙伝を、関東で鹿児島ノスタルジーに浸りながら、感情のおもむくままに、ほとんど資料なしで書いたのだろうから、記憶の美化作用、すり替えが起こり、ところによっては読者サービス的な記述もされているのではないか」との貴重なアドバイスをいただいた。なるほど航空ショーは自分が見たように書いたほうが面白いし、先の西郷銅像のくだりでは「銅像の廻りは大変なお賽銭だ。中には一円札もあり、私はびっくりした」などという記述もある。これなどまるで『ローマの休日』(一九五三年)のトレビの泉ではないか。一九五〇年代の自叙伝執筆当時、喜代三はかのオードリー・ヘップバーン主演の映画を見て、感銘を受けて筆を走らせたのかも知れない。

自叙伝は概してこのような次第なので、例えば先だっての名字についても、中山晋平が結婚式の日に、式場で「中山のはからいで、其場で、戸籍謄本に、『たね』と記入された」という記述があるが、果して本名を平仮名で「たね」としていいのか。また事典によっては喜代三のことを「本名嘉子」と書いてあるものもあるが、そう記すのも慎重を要する。

とにかく喜代三については不明なことがまだまだ多く、そのため本書では年譜やフィルモグラフィーはあえて記載しなかった。本文の執筆に際しては『多情菩薩　喜代三自叙伝』を基幹資料に、できうる限り事実と思える事柄を抽出し、記したつもりである。

また原口館長からは「喜代三の自叙伝は、彼女の一つの作品として、とくに直す必要はないのではないか」というお言葉もいただいて、とても共感したので、本書ではそのように心がけた。ただ喜代三の些細な記憶違いについては、直すでもなく直してある。

それから読者の方々の読みやすさのために、作中に登場する人物はおおむね敬称略とさせていただいた。ほかにも些細なこだわりだが、事項についての年号表記は、多くの歴史書が、公文書などでもそうだが、まず元号表記が先で、あとに西暦となるが、西暦の表記が先のほうがこれからの若い方々には覚えやすいのではという思いがあり、意図してそうした。また、本書のタイトルは『丹下左膳餘話　百萬兩の壷』にちなめば、「両」の字は「兩」と旧字にすべきだが、諸事情を考慮し新字体とした。

喜代三の自叙伝についていろいろ言ったが、多少の瑕疵はあってもこれほどイキイキと書かれた本も珍しい。会話文のところなど、全文引用したかったほどである。本書がもとで、信頼のおける注釈者をおくことを条件に、この自叙伝が復刊されれば嬉しい。それも本の巻末に「本書は著者が（中略）鋭意執筆に打込まれ七百枚に書下された原稿のうち、最後の部分百枚を圧縮したものです」とあるので、オリジナル原稿が発見され、それに基づく再刊がされれば一番である。ただ百枚とはいいながら、どういうマス目勘定か、中身は三三〇頁あるので、オリジナルは換算すると二三一〇頁もあることになるが。

そして何より、喜代三にいっそう興味を持って追究してくれる若い方々が多く出てきてくださることを希っている。


また、いち映画ファンとしては、『丹下左膳餘話　百萬兩の壷』がさらなるファンを獲得することも願っている。

唐突だが、もし日本の大多数の人びとから鑑賞され、愛されている「国民映画」というものが存在するとしたら、それはいったい何の作品になるだろうか？

いちおう『男はつらいよ』やアニメの『ドラえもん』、『名探偵コナン』のようなシリーズ物を例外とさせていただくとして、単体作品では、それは少し前の世代なら黒澤明監督の『七人の侍』かも知れない。今の世代ならさしずめ宮崎駿監督の『となりのトトロ』か『千と千尋の神隠し』か、ジブリアニメのどれかというかも知れない。

戦前の製作でも無類に面白く、誰もが楽しめ、日本映画史上の傑作といえる『丹下左膳餘話　百萬兩の壷』は、「国民映画」たり得る資格が十二分にある、と筆者は思っている。

いや、確かに今でも十分に有名な名作だが、たとえば昔あったテレビ番組『クイズ100人に聞きました』のように、東京の渋谷の街頭で、無作為抽出で、何人が『丹下左膳餘話　百萬兩の壷』を見ているかインタビューしてみるとしよう。するとたぶん百人中ゼロか、いても多くて一人だろう。一人いれば、その人に抱きつきたくなるに違いない。

筆者のように映画に病膏肓で、映画検定（キネマ旬報社、キネマ旬報映画総合研究所主催）一級を取得している者なら、ほぼ全員が鑑賞していることと思う。だがそれはいわばマイノリティだ。これほど面白い映画を、少数の者だけに独占させておいてはならない。だいたいこの映画がつくられた一九三五（昭和十）年には日本全国老若男女を問わず、喋ればそこらの犬猫までも、『丹下左膳餘話　百萬兩の壷』を見ていない、知らない者はほとんどいなかったはずなのだ。

本書をきっかけに、この映画は今や著作権保護期間を過ぎ、セルＤＶＤならワンコイン五百円以下でも入手できる（ほとんど国宝級といえるエンターテインメント作品なのに）から、一人でも多くの方々にぜひ鑑賞してほしい。

そして『丹下左膳餘話　百萬兩の壷』を気に入られたらご友人にもお勧めいただき、今度はそのご友人に喜代三のことを知っていただきたい。さらにその友人の友人にはまた山中貞雄監督のこの映画のすばらしさを、そして喜代三を……とフィードバックしながら、次つぎと映画と喜代三のファンが増えていってくれれば、これにまさる喜びはない。

なお本書は、筆者に『丹下左膳餘話　百萬兩の壺』に接する機会を与えてくださり、映画のすばらしさを教えてくださった中山信一郎氏に捧げたい。

中山氏は、映画評論家・山田宏一氏の著書『映画　果てしなきベスト・テン』(草思社)にも登場される鹿児島在住の映画・ジャズ評論家であられるが、二〇〇五年に脳梗塞で倒れられ、現在も闘病中である。あの十一年前の秋の日、もう少し早く氏のご自宅のベランダから飛びこんで救助できていれば回復も早かったのではないかと思うと、いまだに悔やんでも悔やみきれない。氏とまた映画の話ができるのはお互いくたばってから彼岸で、というのも悪くはないかも知れないが、中山さん、やはりこっちの世でできればもう一度元気になって、楽しいお話を聞かせてください。

また、本書を編むにあたっては、いろいろと貴重なお話を聞かせてくださった中山晋平氏のご遺族の中山治氏、中山晋平記念館(長野県中野市)館長の下田由人氏、原典の資料を提供してくださった翻訳家の斉藤悦則氏、前著に続きデータ入力でお世話になった上野瑞紀氏、データチェックをしてくださった鹿児島銀行の竹村文宏氏、それから本作を会報で世に問う機会を与えてくださった宮崎のシネマサークル〈シネマ1987〉代表の笹原敬生氏に厚く御礼を申し上げたい。

そして郷土史研究のオーソリティーであられる鹿児島県立図書館館長の原口泉氏、元鹿児島県教育委員会教育長の唐鎌祐祥氏、NPO法人・かごしま探検の会代表理事の東川隆太郎氏には、さながら「オール鹿児島」連合軍で、至らない筆者に激励と援助を、ときには希少な資料の提供もしていただいた。お三方に深甚なる謝意を表したい。

それから新作映画『美しい星』製作のヤマ場でたいへんにお忙しいにもかかわらず、腰巻に一文をお寄せくださった吉田大八監督には、ただただ感謝の言葉しかない。吉田監督、映画が封切られたら、初日に見に行きます。

最後になったが、出版不況のアゲインストの風にひるまず、本書の公刊に尽力してくださった彩流社の第二編集部長の河野和憲氏にも衷心より御礼を申し述べておきたい。

本当にどうもありがとうございました。

小野公宇一

二〇一六(平成二十八)年九月

【著者】
小野公宇一
…おの・こういち…
［本名・小野宏一］1963（昭和38）年5月、鹿児島市生まれ。鹿児島工業高校卒業。大阪外国語大学中退。「宮崎日日新聞」に不定期に映画評を掲載。フリーライター。鹿児島コミュニティシネマ（ガーデンズシネマ）理事。映画検定1級。著書『映画狂シネマ道中記』（風詠社）がある。

フィギュール彩71
百萬両《ひゃくまんりょう》の女《おんな》　喜代三《きよぞう》
二〇一六年十月十五日　初版第一刷
著者――小野公宇一
発行者――竹内淳夫
発行所――株式会社　彩流社
〒102-0071
東京都千代田区富士見2-2-2
電話：03-3234-5931
ファックス：03-3234-5932
E-mail：sairyusha@sairyusha.co.jp
印刷――明和印刷（株）
製本――（株）村上製本所
装丁――仁川範子

ISBN978-4-7791-7076-8 C0374
http://www.sairyusha.co.jp

フィギュール彩

〔既刊〕

⑪壁の向こうの天使たち

越川芳明◉著

定価（本体 1800 円＋税）

「天使」とは死者たちの声かもしれない、あるいは森や河や海の精霊の声かもしれない。「ボーダー映画」の登場人物たちは、壁の向こうにいる天使たちの囁きを聴く。

⑯監督ばか

内藤誠◉著

定価（本体 1800 円＋税）

「不良性感度」濃厚な東映プログラムピクチャー等のＢ級映画は「時代」を反映した。カルト映画『番格ロック』から最新作『酒中日記』まで内藤監督の活動を一冊に凝縮。

㉝亡国の罪

工藤寛治◉著

定価（本体 1800 円＋税）

《あなたは共犯者かもしれない？》元・大手映画会社「東映」の経営企画者が満を持して、いまだからこそ提言する「憂国」の書。これを書かずに死ぬに死ねない！

フィギュール彩

〔既刊〕

㉑紀行　失われたものの伝説

立野正裕◉著

定価（本体 1900 円＋税）

荒涼とした流刑地や戦跡。いまや聖地と化した「つはものどもが夢の跡」。聖地とは現代において人々のこころのなかで特別な意味を与えられた場所。二十世紀の「記憶」への旅。

㉟紀行　星の時間を旅して

立野正裕◉著

定価（本体 1800 円＋税）

もし来週のうちに世界が滅びてしまうと知ったら、わたしはどうするだろう。その問いに今日、依然としてわたしは答えられない。それゆえ、いまなおわたしは旅を続けている。

㊲黒いチェコ

増田幸弘◉著

定価（本体 1800 円＋税）

これは遠い他所の国の話ではない。かわいいチェコ？ロマンティックなプラハ？いえいえ美しい街にはおぞましい毒がある。中欧の都に人間というこの狂った者の千年を見る。

フィギュール彩

〔既刊〕

㊴ 1979年の歌謡曲

スージー鈴木◉著

定価（本体1700円＋税）

「大変だ、スージー鈴木がいよいよ見つかる」（ダイノジ・大谷ノブ彦、ラジオパーソナリティー）。ＴＶ全盛期、ブラウン管の向こう側の歌謡曲で育った大人たちの教科書。

㉜ レノンとジョブズ

井口尚樹◉著

定価（本体1800円＋税）

レノンとジョブズの共通点は意外に多い。既成のスタイルをブチ破ったクリエイターたち。洋の東西を問わず愚者（フール）が世界をきり拓く。世界を変えたふたりの超変人論。

㉛ J－POP文化論

宮入恭平◉著

定価（本体1800円＋税）

「社会背景がJ-POPに影響をもたらす」という視座に基づき、数多ある議論を再確認し、独自の調査方法を用いて時代と共に変容する環境とアイデンティティの関連を徹底考察。